SUPER INTERESSANTE

CONEXÕES

Abril

Sumário

Introdução

CONEXÕES
DO PANAMÁ
AO CANAL DO PANAMÁ
O Panamá...
OCEANO ATLÂNTICO
OCEANO PACÍFICO
... é uma fina porção de
e do Sul. Ela surgiu cerc
de uma hora para outra
costumavam correr livr
O resultado mais extre
...era glac
Junto a outros fatores, a mudança das correntes ma
aumentou a umidade e o frio no extremo norte do p
Grandes massas de gelo se formaram e mudaram o c
mundo. Na África, regiões cobertas por florestas com
a sofrer frio e secas sazonais, o que as transform

POR RAFAEL KENSKI
as Américas do Norte
ões de anos atrás e,
s correntes de água que
e o Atlântico e o Pacífico.
mento de uma...
CIÊNCIA
DE TODOS OS
O Instituto de Tecnologia de
realizou um evento que
e única reunião de viajantes
juntar pessoas de todas as
do espaço e do tempo.
apareceu. Devem existir

LIGUE OS PONTOS

A Peste Negra dizimou um terço da Europa no século 14. Culpa dos **ratos**, você sabe. Menos conhecida é outra epidemia de peste bubônica: uma que, 300 anos depois, matou um quarto da população de Londres entre 1665 e 1666. Essa cortesia macabra dos roedores fez com que as universidades britânicas ficassem dois anos de portas fechadas, deixando milhares de estudantes no ócio. Entre eles, o jovem **Isaac Newton**, de 23 anos.

Sem nada melhor para fazer, Newton se trancou num quarto por 18 meses com seus livros. E só saiu de lá depois de ter reformulado toda a física e a matemática – boa parte do que ele imaginou nesses meses de clausura iria parar em sua obra-prima, o livro *Princípios Matemáticos da Filosofia Natural*, publicado em 1687. "Enxerguei mais longe que os outros, mas só porque estava sentado nos ombros de gigantes", diria mais tarde, como uma forma de agradecer aos mestres que o precederam. Mas talvez tenha sido um certo exagero de humildade. Newton criou conceitos praticamente sobrenaturais para o seu tempo. E o maior deles talvez tenha sido uma nova ferramenta para os matemáticos: o Cálculo Integral e Diferencial.

Duzentos anos depois, já no meio do século 19, um matemático inglês chamado **George Boole** usou a criação de Newton para desenvolver uma espécie de nova linguagem: o código binário. Esse novo idioma, capaz de traduzir qualquer informação em sequências de zeros e uns, passou quase um século encostado em livros de matemática profunda, até que, em 1937, o engenheiro americano Claude Shannon decidiu usar a lógica binária em circuitos eletrônicos. Nascia aí o computador moderno. As válvulas pesadas foram aposentadas pelos transistores 20 anos depois. Mas o computador só virou a coisa onipresente que é hoje depois de ganhar um companheiro inseparável nos anos 1980: o **mouse** (ou "rato" mesmo, como os portugueses chamam).

Moral da coisa: não fossem pelos ratos que trancaram Isaac Newton em casa no século 17, talvez não tivéssemos o mouse hoje. São histórias assim que você encontra neste livro, que provavelmente é uma das obras com mais informações por centímetro quadrado que você pode encontrar numa livraria.

O livro nasceu de uma seção da revista SUPERINTERESSANTE concebida pelos então editores Rafael Kenski e Denis Russo Burgierman, e logo depois amadurecida por outro jornalista, **Rodrigo Rezende**, especialista em divulgação científica e autor da saga que liga os ratos do século 17 ao mouse do seu computador.

Firme e forte desde 2005, a seção **Conexões** contou com a criatividade de jornalistas tão talentosos quanto apaixonados por conhecimento: Bruno Garattoni, Emiliano Urbim, **Fábio Marton** (que organizou e atualizou os textos desta coletânea), Tiago Jokura, Alexandre de Santi e vários outros, que você verá ao longo deste livro. É nos ombros desses gigantes que este livro se apoia.

Aproveite.

Alexandre Versignassi, diretor de redação da SUPER

N-
CIA

CAP. 1

10
12
13
14
16
19
22
23
24
26
29
32
33
34
36
37
39

Do Big Bang ao bangue-bangue

1

AUTOR
Rodrigo Rezende

Big Bang

Antes da explosão que deu origem ao Universo, não havia o que chamar de "antes". Foi só com o Big Bang, há 13,8 bilhões de anos, que o tempo e o espaço começaram a existir. E, em menos de 1 milésimo de segundo após a explosão, vieram à luz as partículas que compõem a própria luz: os...

Fótons

Raios X, raios gama, ultravioleta, infravermelho, micro-ondas, ondas de rádio e a luz refletida na página que você lê agora. Tudo isso é feito dos fótons. As maiores fábricas dessas partículas são as estrelas. Até o século 19, o homem tinha de se virar com os fótons que vinham de uma delas (o Sol) ou do fogo. Até que nasceu...

Esta é a única seção **Conexões** que tem uma versão espelhada. Isto é, do *bangue-bangue ao Big Bang*. Veja na página 38.

Thomas Edison

As lâmpadas elétricas espalharam fótons pelo mundo e encheram os bolsos de Edison, que as tinha inventado. Mas ele queria mais. Então patenteou 1.907 aparelhos, entre eles a câmera cinematográfica. Foi para fugir do pagamento da patente para Edison que produtores de cinema de Nova Jersey se mudaram para...

Hollywood

Não é por coincidência que Hollywood fica ao lado do México. A proximidade com a fronteira dava uma rota de fuga para empresários processados. Sem contar que os terrenos baratos funcionavam bem como locação de filmes. Em 1910, rodaram a primeira película ali: *Na Velha Califórnia*, de D.W. Griffith. Era um filme de...

Bangue-bangue

O apelido dos filmes de caubói vem do som dos tiros. E foi exatamente o mesmo barulho (bang) que o astrônomo Fred Hoyle escolheu para ridicularizar a teoria de que o Universo surgiu numa explosão. O nome "Big Bang" pegou. Mas o tiro saiu pela culatra, já que a teoria acabou amplamente aceita pela comunidade científica.

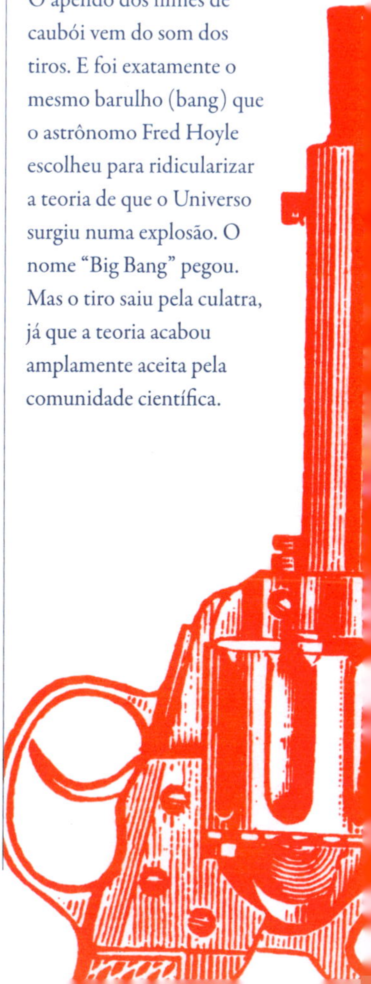

2

Do Lego ao LIGO

AUTOR
Fábio Marton

Lego

Os bloquinhos de montar surgiram em 1958, na Dinamarca, e logo viraram sinônimo de brinquedo educativo. Isso os impulsionou para o resto do mundo. E além do mundo: em 2011, blocos de Lego foram para a Estação Espacial Internacional a bordo do...

Ônibus espacial

Na penúltima viagem antes da aposentadoria das naves, a Endeavour levou blocos de Lego para testar como se comportavam no espaço (e matar o tédio dos astronautas). Junto com eles, foi o Espectrômetro Alfa Magnético 2, um aparelhão destinado a investigar a...

Matéria escura

Calcula-se que até 5/6 da matéria no Universo seja escura, isto é, invisível. Sabe-se disso por causa de distorções na luz causadas pela gravidade, muito maiores que as causadas por objetos visíveis. Esse efeito foi previsto há um século, por ninguém menos que...

Albert Einstein

Com a Teoria da Relatividade Geral, Einstein afirmou que a gravidade distorce o espaço e o tempo (como o buraco negro do filme *Interestelar*, que desacelera o tempo). A teoria também prevê que a gravidade se propaga por ondas, como provou o...

LIGO

Em 2015, o Observatório de Interferômetro a Laser de Ondas Gravitacionais (LIGO, em inglês) notou a colisão de dois buracos negros e mediu, pela primeira vez, uma onda gravitacional! Um dos blocos de construção de uma nova física.

3

De FHC ao LHC

AUTOR
Agência Fronteira

FHC

Fernando Henrique Cardoso chegou à presidência após atuar como ministro da Fazenda do governo Itamar Franco e chefiar a implementação do Plano Real, que acabou com a hiperinflação que praguejava o Brasil por anos. Ao sair do cargo, tornou-se um dos nomes mais fortes no debate em favor da legalização da...

Maconha

A erva é consumida de forma medicinal e recreativa desde a Pré-História. Quando fumadas ou ingeridas, suas flores e folhas secas liberam no organismo, entre outras substâncias, o THC (tetrahidrocanabinol). Ele causa alterações sensoriais e temporais, sedação e sonolência. Outro efeito da droga é a...

Larica

Para quem nunca ouviu a palavra, essa é a fome que bate no usuário de maconha mesmo com o estômago cheio. Segundo estudo de 2015 publicado na revista *Nature*, isso ocorre porque o THC desativa um mecanismo cerebral que controla a sensação de saciedade. Um jeito fácil e barato de acabar com a larica é comendo...

Pão

Outra criação pré-histórica, marcando a passagem do Paleolítico para o Neolítico. Além de saciar a fome de humanos, com ou sem larica, pode, surpreendentemente, causar acidentes: em 2009, um pedaço de pão caído do bico de uma ave teria causado superaquecimento e paralisação do...

LHC

O maior acelerador de partículas do mundo fica na fronteira entre a França e a Suíça, formando um gigantesco aro com 27 km de circunferência. Nele foi descoberto o bóson de Higgs, peça que faltava para completar o Modelo Padrão da física de partículas. Sua construção foi aprovada em 1994. Ano em que o Brasil elegeu FHC.

Da célula ao celular

4

AUTOR
Fábio Marton

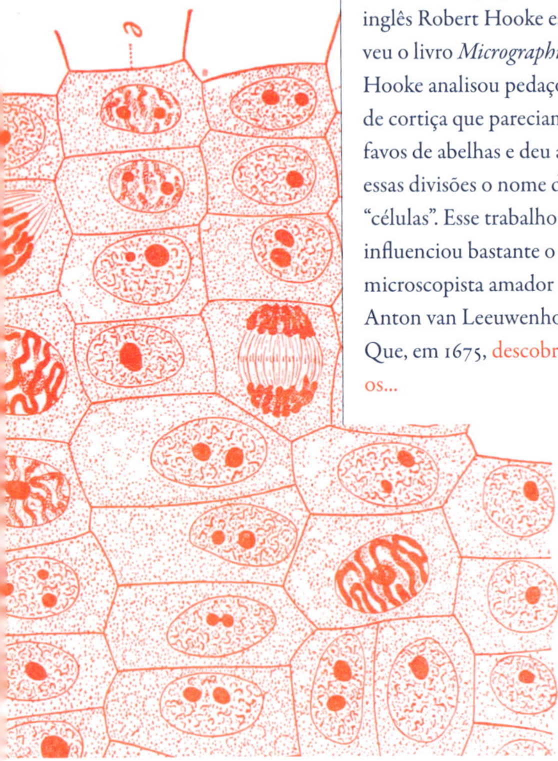

Célula

A palavra (que significa "quartinho" em latim) entrou no vocabulário científico em 1665, quando o inglês Robert Hooke escreveu o livro *Micrographia*. Hooke analisou pedaços de cortiça que pareciam favos de abelhas e deu a essas divisões o nome de "células". Esse trabalho influenciou bastante o microscopista amador Anton van Leeuwenhoek. Que, em 1675, descobriu os...

Micro-organismos

Fazendo experiências com protozoários e bactérias, Leeuwenhoek foi o primeiro a provar a existência de seres vivos que são invisíveis a olho nu. Do que ele não desconfiou, e a ciência só viria a entender no século 19, com as descobertas de Louis Pasteur e Robert Koch, é que alguns micro-organismos podem causar doenças. Como o *Streptococcus pyrogenes*, que provoca a...

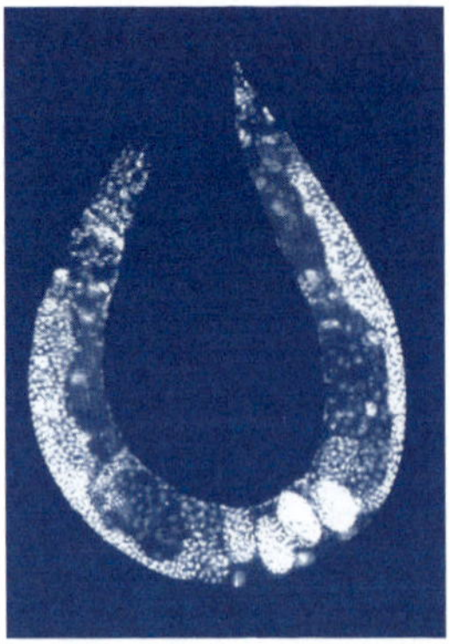

Escarlatina

No século 19, essa doença barbarizava. Podia causar febre reumática, que frequentemente era fatal, ou deixar sequelas graves – como a surdez que acometeu a americana Mabel Gardiner Hubbard aos 5 anos de idade. Na adolescência, Mabel foi se tratar com um jovem cientista, que prometia tratamentos revolucionários para melhorar a vida dos surdos. Era ninguém menos que...

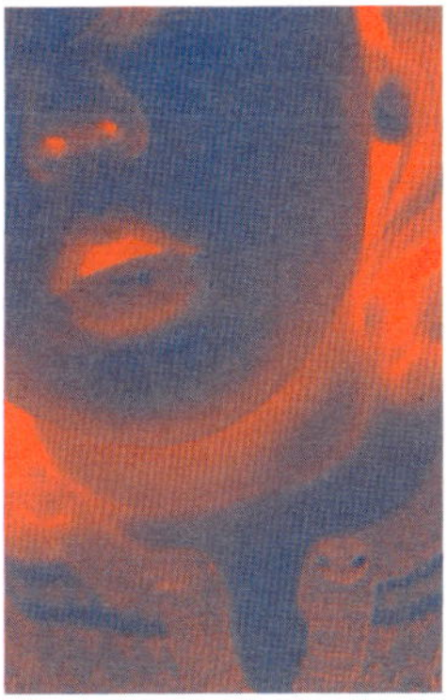

Alexander Graham Bell

Fascinado por som, ele começou a desenvolver uma maneira de transmitir voz por meio de linhas elétricas – o que acabaria levando, por acidente, à invenção do telefone. Graham Bell ficou famoso e construiu um império: a gigante das telecomunicações AT&T, onde em 1947 alguém teve a ideia de juntar várias antenas numa grande rede de transmissão. É esse o princípio do...

Celular

A grande jogada é que, em vez de usar uma grande antena para transmitir informações (como no caso das torres de TV), a telefonia móvel emprega uma infinidade de antenas menores, as "células", que ficam espalhadas pela cidade. Cada uma delas pode trabalhar sozinha, mas também consegue se comunicar com as outras – e dessa cooperação depende, como nos seres vivos, o funcionamento de todo o sistema.

Da urina ao urânio

5

AUTOR
Agência Fronteira

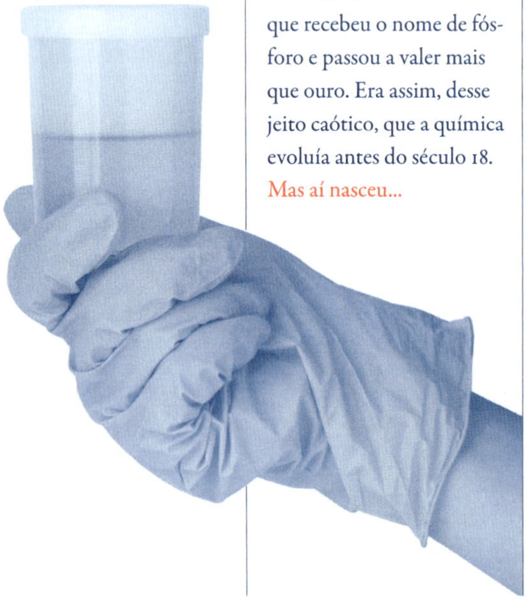

Urina

Receita dos alquimistas para fabricar ouro: misture 50 baldes de urina com areia, espere alguns meses e faça a destilação. Foi exatamente o que o alemão Hennig Brand fez, em 1675. Mas o resultado foi outro: uma substância inflamável que recebeu o nome de fósforo e passou a valer mais que ouro. Era assim, desse jeito caótico, que a química evoluía antes do século 18. Mas aí nasceu...

Lavoisier

O autor da máxima "Nada se cria, tudo se transforma" ajudou a varrer dos laboratórios a herança da alquimia. Trancado por horas a fio na companhia de sua esposa, Marie-Anne, e mais 13 mil tubos de ensaio, ele descobriu o hidrogênio, o oxigênio e botou ordem na química. Mas aí veio a Revolução Francesa, que levou a cabeça dele para a guilhotina. E chegou outro cientista, que levou Marie-Anne...

Benjamin Thompson

Ao contrário de Lavoisier, o americano não vacilou quando percebeu que o clima estava esquentando em seu país. Correu da guerra americana de 1776 e foi para a Inglaterra, onde fundou a Instituição Real de Química. Passou também pela Alemanha e pela França, e deixou como herança os Jardins Ingleses de Munique, um séquito de ex-esposas descontentes (inclusive Marie-Anne) e um pupilo...

Humphry Davy

O homem que descobriu o método de usar a eletricidade para isolar elementos químicos (a eletrólise) não conseguia se separar de seu vício: óxido nitroso, o gás hilariante. Entre um mergulho e outro no gás psicotrópico, ele descobriu os elementos potássio, sódio, magnésio, estrôncio e alumínio. Em 1829, ele morreu de tanto se drogar, sem ter compreendido o elemento mais excêntrico da química: o...

Urânio

Suas propriedades quase alquímicas – ele se transforma em chumbo enquanto solta radiação – foram descobertas só em 1896, quando Henri Becquerel deixou uma barra de urânio perto de um filme fotográfico, que ficou manchado pela radioatividade. Mas ele tinha aplicações desde o Império Romano: tingir cerâmica de dourado. A palavra "ouro", aliás, vem do grego *ouron*, que significa... urina.

6

De Louis Armstrong a Neil Armstrong

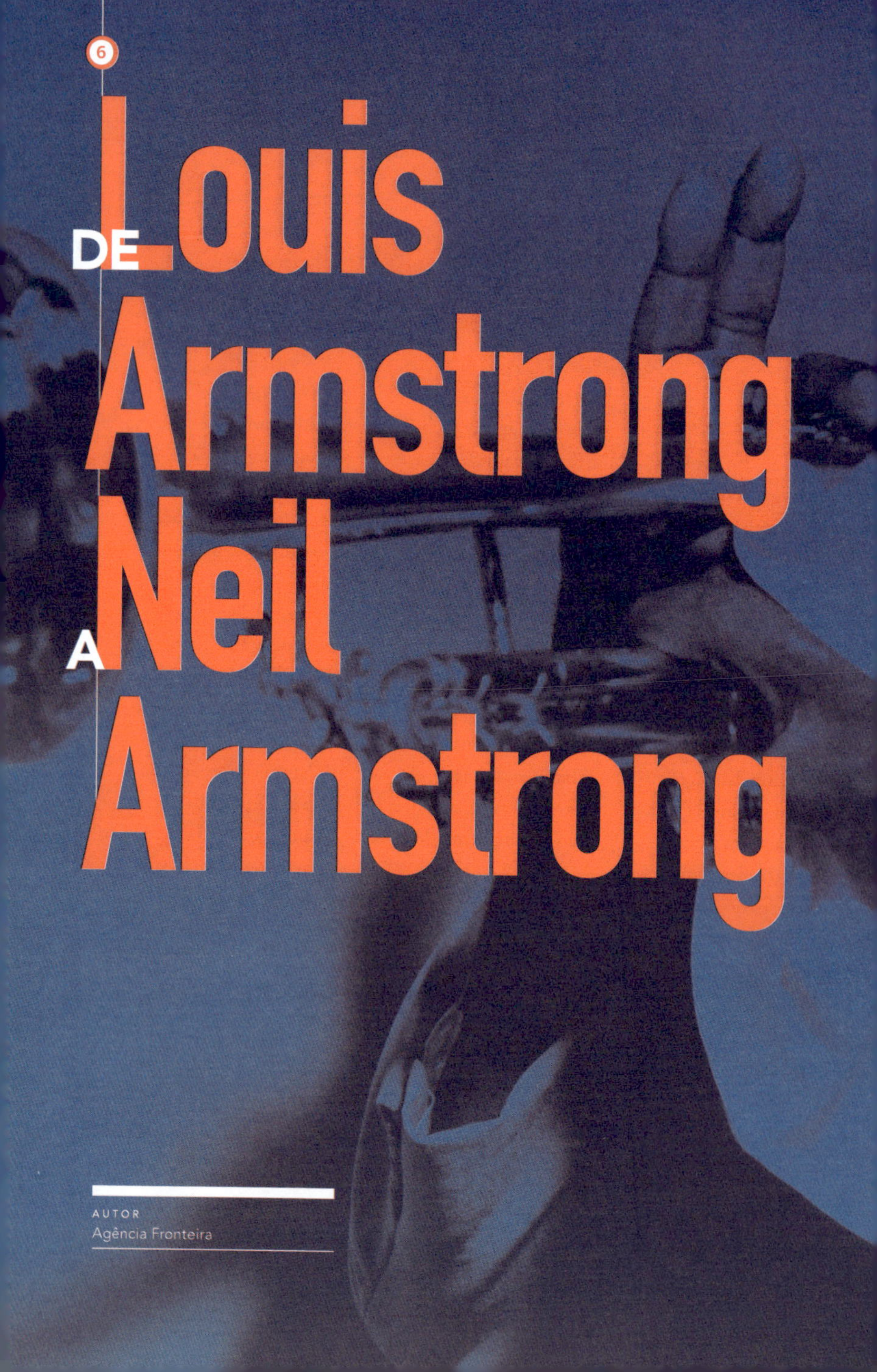

AUTOR
Agência Fronteira

Louis Armstrong

Um dos artistas mais bem-sucedidos do século 20, chegou a superar os Beatles nas paradas de 1964. Seu segredo era manter-se estritamente positivo e apolítico, o que fez com que fosse aceito pelos brancos da sociedade racista dos EUA. Exceto por uma ocasião. O incidente em...

Little Rock

Em 1957, Louis se recusou a fazer uma turnê internacional a pedido do governo americano, em protesto contra o Estado do Arkansas, onde um grupo de racistas cercou o Colégio de Little Rock, que havia começado a aceitar negros e brancos na mesma classe. A solução para o impasse veio de...

Dwight Eisenhower

O presidente dos EUA mandou soldados para garantir a segurança dos estudantes e o fim da segregação. Um gesto bem progressista de um presidente que se elegeu com um programa conservador. Em 1952, ele havia vencido a eleição prometendo combate aos três "cês": comunismo, corrupção e...

Coreia

Em 1950, o coreano Kim Il-Sung começou uma revolução comunista, que só não conquistou o país inteiro devido à intervenção dos EUA. A Guerra da Coreia acabou em 1953, primeiro ano de mandato de Eisenhower. Foi a primeira guerra em que aviões a jato foram usados em massa. E um dos pilotos foi...

Neil Armstrong

Durante a guerra, pilotou jatos de reconhecimento. Depois passou aos aviões experimentais, e acabou sendo um dos primeiros convocados pela Nasa, em 1958. Anos depois, foi o primeiro humano a pisar na Lua. Ciente do poder em torno de seu nome, Neil sempre se recusou a comentar temas políticos – como Louis Armstrong.

7

Do Super-condutor ao Super Mario

AUTOR
Fábio Marton

Supercondutor

Em 1911, o cientista holandês Heike Kamerlingh descobriu uma coisa incrível: se você resfriar bastante certos metais, eles se tornam supercondutores – conduzem energia de forma perfeita, sem desperdício nenhum. Com os supercondutores, seria possível criar carros elétricos hipereficientes e reduzir o consumo de combustíveis fósseis. Um sonho que a ciência persegue desde a...

Crise do Petróleo

Em 1973, as nações árabes da Opep (Organização dos Países Exportadores de Petróleo) anunciaram que não exportariam mais petróleo aos aliados de Israel – no caso, todas as potências ocidentais e mais o Japão. Isso gerou uma crise econômica global que acabou com o "milagre econômico" brasileiro e também quebrou negócios mais triviais. Como o mercado de...

Parques de diversão

No Japão de 1975, com a crise mundial no auge, o lazer se tornou secundário – como tudo estava caríssimo, as pessoas saíam de casa cada vez menos, o que acabou com a popularidade das máquinas de tiro ao alvo. O fabricante delas, que se chamava Nintendo, resolveu diversificar os negócios e apostou na onda dos fliperamas. Deu certo, e logo a empresa desembarcaria nos...

EUA

Em 1981, os americanos só queriam saber de jogar: deixaram mais de US$ 10 bilhões em fichas e moedinhas nos fliperamas do país. Mas, para a Nintendo, a coisa não começou muito bem: *Radar Scope*, um de seus primeiros flipers, foi um baita fracasso. Para reaproveitar as máquinas encalhadas, a empresa colocou nelas um novo jogo: *Donkey Kong*. Era a estreia de...

Super Mario

Os executivos não botaram muita fé (um homem baixinho, gordo e bigodudo jamais convenceria como super-herói), mas notaram uma coisa. O personagem se parecia muito com Mario Segale, dono do prédio onde funcionava a Nintendo dos EUA – e por isso ganhou o nome dele. Nascia ali o maior astro da história dos jogos: de pulinho em pulinho, ele vendeu mais de 520 milhões de games.

8

Da tubaína à taurina

AUTOR
Fábio Marton

Tubaína

No dicionário, essa palavra significa refrigerante barato. Mas o termo é derivado de uma marca: a Turbaína, bebida criada em 1932 pela fábrica Ferráspari, de Jundiaí (que, antes de produzir o refrigerante, vendia balas com o mesmo nome). Para disfarçar o uso de ingredientes baratos, as tubaínas abusam do...

Açúcar

Ele surgiu na Índia e chegou à Europa durante as Cruzadas, nos séculos 11 a 13, quando os cavaleiros tiveram contato com o "sal doce". Surgiu um enorme comércio em torno do açúcar e de outros produtos indianos, o que gerou uma onda de colonialismo no sul da Ásia. Mas um país escapou dela. A...

Tailândia

Depois de estabelecerem relações com os portugueses, no século 16, os tailandeses criaram missões diplomáticas – e convenceram franceses e ingleses a aceitá-los como Estado, mantendo sua independência. No fim do século 20, a Tailândia viveu uma fase de grande prosperidade. E gerou milionários como...

Chaleo Yoovidhya

Chaleo (1923-2012) era um vendedor de antibióticos que fundou a própria companhia farmacêutica. Nos anos 1970, criou o energético Krating Daeng ("touro selvagem vermelho") – que, em 1984, viria a ser lançado mundialmente com o nome de Red Bull. Seus componentes principais são a cafeína e a...

Taurina

Esse ácido orgânico foi isolado da bile de touro em 1827 (daí seu nome, do latim *taurus*). A taurina age sobre os músculos e o sistema nervoso e é muito comum nas bebidas energéticas – que, além de taurina e cafeína, geralmente levam um terceiro ingrediente, o guaraná. Como as tubaínas.

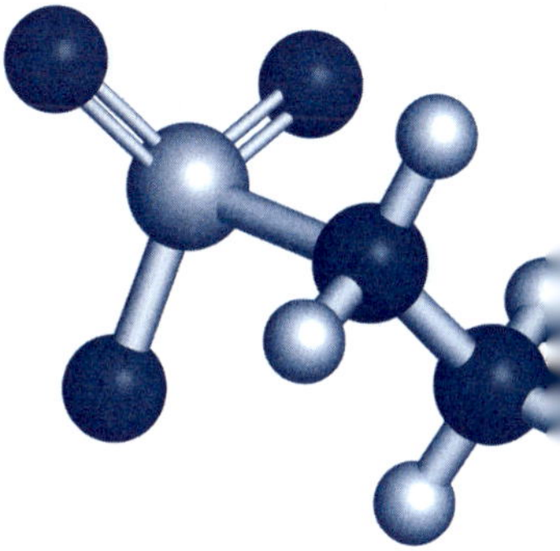

Do dodô à doideira

9

AUTOR
Rodrigo Rezende

Dodô

Costa da África, ilha Maurício, 1681. Em meio à mata nativa, dois animais se enfrentavam. De um lado, o maior (ou mais pretensioso) predador de todos os tempos: um tal de *Homo sapiens*. Do outro, o último exemplar de uma espécie de pombo de 1 m de altura, tão desajeitado que ganhou um apelido dos primeiros portugueses que o viram, em 1505: pássaro doido, ou dodô. O manso dodô tornou-se a primeira das...

Extinções

Não foi a primeira causada por nós, mas a primeira a ser documentada. Estima-se que um terço dos grandes mamíferos da Europa e 75% dos da América sumiram do mapa por causa dos nossos antepassados. Antes de tomarmos conta do pedaço, desaparecia uma espécie a cada quatro anos. Depois do homem, essa cifra ficou 120 mil vezes maior. E teve gente que colaborou bastante para isso, como o...

Barão Rothschild

Lionel Rothschild, um banqueiro do século 19, era tão excêntrico que não se contentou só em passar a vida inteira na ala de crianças de sua mansão. Além de descansar seu corpinho de 135 kg numa cama infantil, ele resolveu arranjar um hobby para lá de estranho: enviar até 400 homens a montanhas, ilhas e florestas para coletar mais de 2 milhões de espécies de plantas e animais. Assustado? Então conheça...

Hugh Cuming

O milionário britânico deixou o esquisitão Rothschild no chinelo no quesito impacto ambiental. Contemporâneo do barão, mandou construir um transatlântico e manteve sua tripulação no trabalho de pilhagem biológica pelo mundo. Apesar do estrago ecológico, colaborou com a ciência, fazendo doações a Darwin. Foi por causa desse costume que uma ave chegou ao Museu de Oxford. Só que foi vítima de uma...

Doideira

Se achar palavra melhor para descrever o ato do diretor do Museu de Oxford, avise. Ele simplesmente acordou um dia, em 1755, cismou que o último dodô empalhado do mundo estava embolorado e mandou jogá-lo numa fogueira, para desespero de um funcionário do museu, que só conseguiu salvar um pedaço da ave. Veja só a ironia. O *Homo sapiens* faz uma dessas. E o pássaro dodô é que leva a fama de louco.

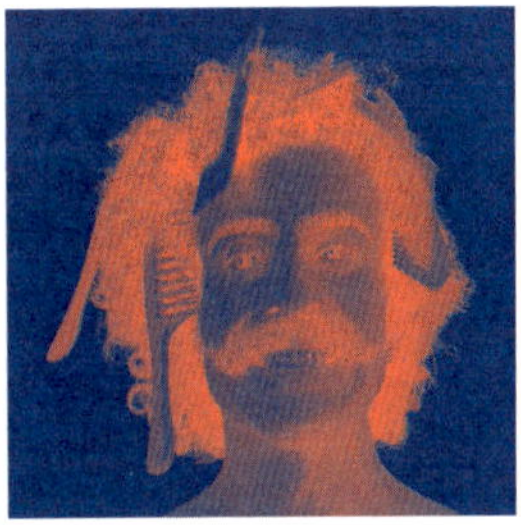

Do verso ao Multiverso

10

AUTOR
Rodrigo Rezende

Verso

"A morte choveu dos céus." Esse verso está escrito em um bloco de argila que faz parte de uma das primeiras poesias da história: a *Epopeia de Gilgamesh*, um texto babilônico de mais de 3 mil anos. O poema fala de um grande dilúvio ocorrido nos primórdios da Terra e descreve a construção de um barco que salvou a espécie humana. Lembrou-se de algo? Isso mesmo. Há quem diga que o poema inspirou a...

Bíblia

Com o fortalecimento do monoteísmo, as versões pagãs das histórias bíblicas foram esquecidas e o livro sagrado passou a ser a fonte definitiva da história do homem no Universo. Mas afirmações como "a Terra tem menos de 10 mil anos" e "um homem viveu 969 anos" (Matusalém) entraram em conflito com a ciência. Os cientistas têm outra versão da história do Cosmos: o...

Big Bang

A ideia de que o Universo nasceu quando toda a matéria estava concentrada num espaço menor do que um átomo deu uma explicação lógica para a origem de tudo. Mas sobrou uma lacuna que a física tradicional não respondia: "Como a matéria se comporta espremida num ponto tão pequeno?" Para arrumar uma explicação, tiveram de recorrer ao ramo mais "sobrenatural" da ciência, a...

Física quântica

Ela descreve as engrenagens do mundo infinitesimal, e não é para qualquer um. "Posso dizer seguramente que ninguém entende a física quântica", disse o genial cientista Richard Feynman. E o físico David Deutsch aperta mais ainda esse nó. Segundo ele, só dá para entender a física quântica se aceitarmos que não vivemos em um Universo. Mas em um universo de universos, o...

Multiverso

Pense em uma infinidade de cosmos paralelos, cada um ligado ao outro por meio de portais dimensionais menores que um átomo. Difícil? Então imagine que um desses universos é idêntico ao nosso, com uma única, mísera, diferença: "A vida brotou dos céus" é a frase que está escrita no *Gilgamesh*. Acredite: pela teoria do Multiverso, esse lugar existe. E você está lá agora, lendo este livro.

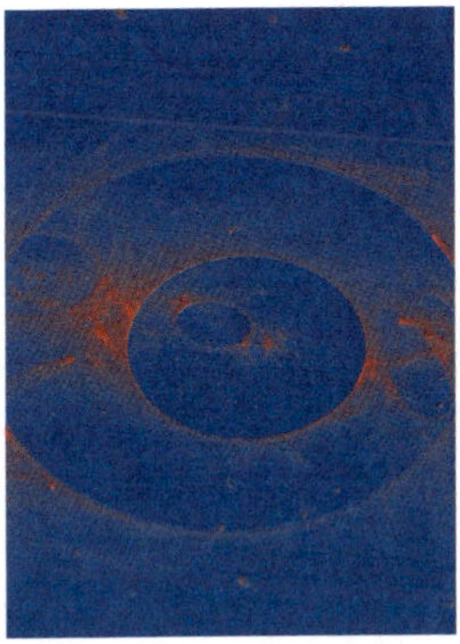

11

Do Céu à Terra

AUTOR
Fábio Marton

Céu

Fonte da vida, lar das divindades, porta para o Universo... O céu e seus mistérios sempre tiveram papel central na imaginação. Tanto que a astronomia foi a primeira das ciências, e revelou vários dos maiores gênios da história. Gente como Copérnico, Newton, Galileu. E também um inglês chamado...

Lorde Rayleigh

O britânico John Strutt, barão de Rayleigh (1842-1919), foi o primeiro a responder uma questão que sempre inquietou o mundo: por que o céu é azul?* Em 1904, Rayleigh foi agraciado com o Prêmio Nobel, mas por outro motivo. Ele havia descoberto um novo elemento químico. Era o...

Argônio

O argônio é um gás abundante: há 20 vezes mais dele, na atmosfera, do que gás carbônico. Sua grande utilidade é fazer luz: ele está presente em todos os tipos de lâmpada, das incandescentes às fosforescentes – e até nos lasers. Mas o argônio também tem outro uso, menos conhecido. Ele nos permite estudar as...

Rochas vulcânicas

Ao longo de milhões de anos, o potássio presente nas rochas vai perdendo partículas do seu núcleo – que se transformam em argônio. Se você medir a quantidade de argônio numa pedra, consegue descobrir a idade dela. Parece bobagem? Não é. Com essa informação, é possível entender como se formou a superfície da...

* Veja a explicação em super.abril.com.br/ciencia/por-que-o-ceu-e-azul

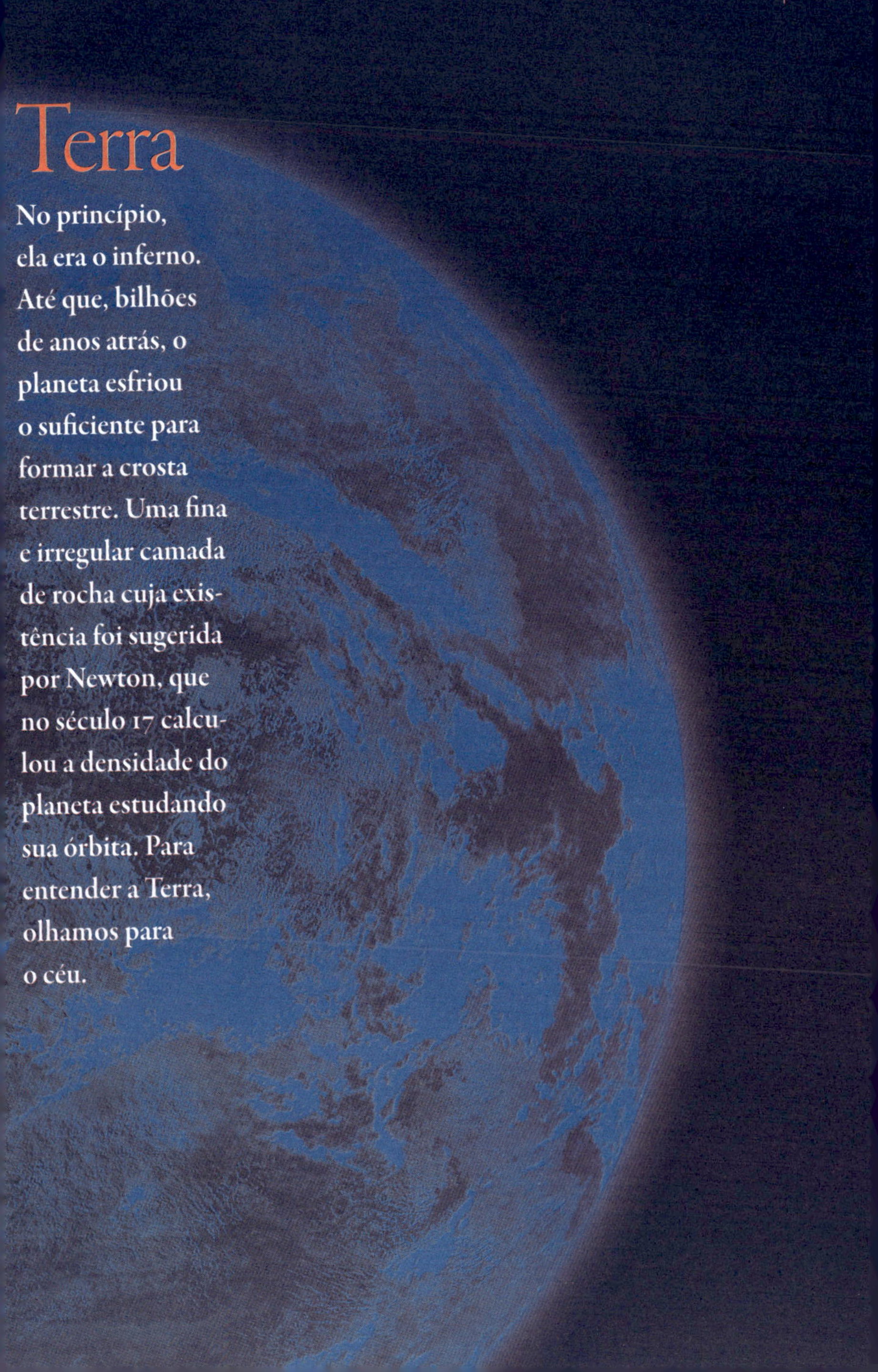

Terra

No princípio, ela era o inferno. Até que, bilhões de anos atrás, o planeta esfriou o suficiente para formar a crosta terrestre. Uma fina e irregular camada de rocha cuja existência foi sugerida por Newton, que no século 17 calculou a densidade do planeta estudando sua órbita. Para entender a Terra, olhamos para o céu.

12

Do nada ao lugar nenhum

AUTORES
Bruno Vieira Feijó
e Rafael Kenski

O nada

Foi de onde o Universo surgiu. Tudo nasceu de um ponto infinitesimal, que explodiu dando origem às galáxias, este livro, eu, você e o cachorro. O termo que define essa origem, Big Bang, surgiu como uma piada, por um cético. Mas muitos levaram a teoria a sério, como o físico...

George Gamow

Não só ele defendeu do ridículo a teoria hoje mais aceita sobre a origem do Universo como, ao longo da vida, colaboraria com as grandes mentes de sua época: de pesquisas em genética, com James Watson e Francis Crick (os descobridores do DNA), a estudos em física nuclear, com...

Edward Teller

É o inventor da bomba H, a sucessora ainda mais poderosa da bomba atômica. A obsessão de Teller em inventá-la era tão grande que acabou inspirando o cientista maluco obcecado pela destruição mundial no filme *Dr. Fantástico* (1964). Uma das maiores obras do diretor...

Stanley Kubrick

Em sua obra seguinte, *2001: Uma Odisseia no Espaço*, ele faria um relato doidão do encontro com civilizações alienígenas. As cenas de astronautas em gravidade zero eram tão legais que foram reencenadas na primeira estação espacial americana, a...

Skylab

Lançada em 1973, vinha atrasada em relação aos russos, que haviam colocado a estação Salyut 1 no espaço dois anos antes. O objetivo dos dois projetos era o mesmo: permitir longas viagens espaciais tripuladas. Só que, mais de 30 anos depois, esse tipo de viagem não nos levou a...

Lugar nenhum

Desde os anos 1970, não fomos pessoalmente além da órbita da Terra. Mas a exploração espacial privada está só começando e tudo indica que, em breve, a gente vá chegar pelo menos até Marte – que teve oceanos e oxigênio, mas hoje é um imenso... nada.

13

Das Águas de Março às águas de Marte

AUTOR
Salvador Nogueira

Águas de Março

"É pau, é pedra..." é o início do caminho desta canção de 1970, considerada uma das melhores músicas brasileiras em todos os tempos. O título tem a ver com as chuvas que encerram o verão no Rio de Janeiro. Juntamente com *Garota de Ipanema*, foi o grande hit da carreira de...

Tom Jobim

A versão em inglês também foi composta por Antônio Brasileiro. Ficou tão boa que foi regravada inúmeras vezes – virou até jingle da Coca-Cola, com outra letra, nos anos 1980. Entre os artistas que beberam da água de Tom estão Ella Fitzgerald, Al Jarreau, John Pizzarelli e...

Art Garfunkel

Parceiro de Paul Simon (manja Simon & Garfunkel?) em hits como *Bridge Over Troubled Water*, também tentou carreira como ator. Em 1970, atuou em *Catch-22*, filme em que contracenou com outro novato: Martin Sheen, pai dos também atores Emilio Estevez e...

Charlie Sheen

Antes de se encrencar com controvérsias envolvendo seu "sangue de tigre", chegou a cantar *Águas de Março* em *As Loucuras de Charlie**. Em 1997, roteirizou o filme educativo *Discovery Mars*, sobre as chances de haver vida em Marte. Mal sabia que a Nasa detectaria, em 2015, a existência das...

Águas de Marte

Em 2012, a sonda Curiosity revelou indícios de água – indispensável para a manutenção da vida como a conhecemos – no planeta. Este ano, a Nasa descobriu água salgada e corrente na superfície. Como cantou Jobim, "é promessa de vida".

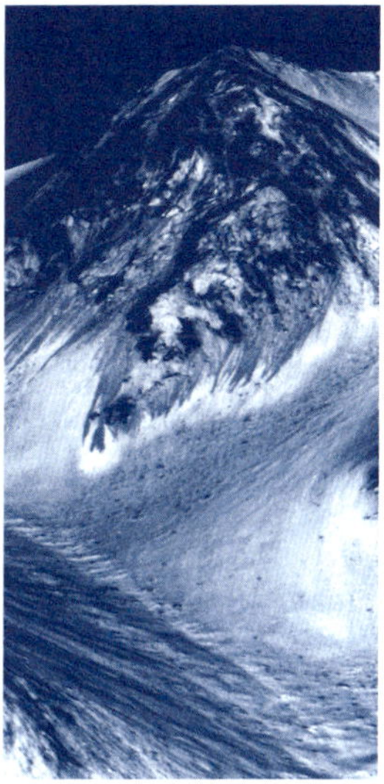

* Em português! Aprecie seu lindo sotaque em https://www.youtube.com/watch?v=RFIKC3cQ2fk

De câncer ao câncer

14

AUTOR
Fábio Marton

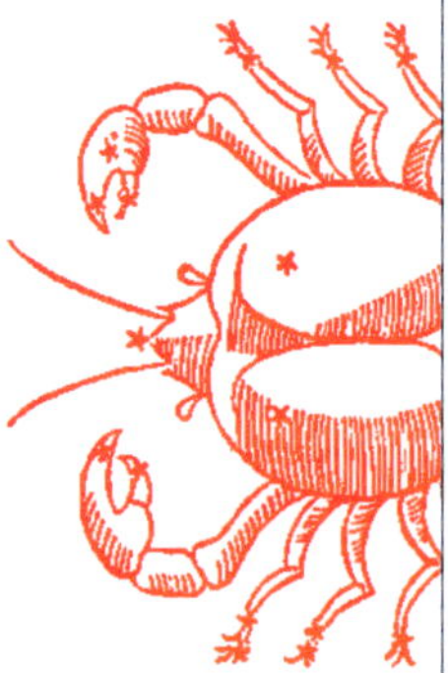

Câncer

Quarta constelação do zodíaco, ganhou esse nome porque os gregos viam nas estrelas o que parecem ser as patas de um caranguejo (*cancer* é o latim para o grego *karkinos*, caranguejo). O nome foi oficializado por Hiparco (190-120 a.C.), maior astrônomo da Antiguidade, que catalogou os céus e inventou o...

Astrolábio

Esse instrumento media as distâncias das estrelas ao horizonte, e tinha uma grande utilidade prática: servia para calcular a latitude do observador. Ou seja, era uma espécie de GPS da Antiguidade. E se tornou, junto com a bússola, inventada pelos chineses, um dos instrumentos mais importantes para as...

Grandes navegações

A astronomia e a tecnologia naval incentivaram países como Portugal e Espanha a se lançarem ao mar no século 15. Foi uma revolução geográfica e econômica também: logo surgiram companhias de comércio intercontinental. Uma das mais importantes foi a Companhia das Índias Orientais, criada pela Inglaterra, e que faria a fortuna de...

Campbell de Morgan

Neto de John de Morgan, um dos principais capitães ingleses, Campbell (1811-1876) seguiu outro rumo: tornou-se cirurgião e professor no University College Hospital, em Londres. Ele foi o primeiro médico a especular que os tumores poderiam se espalhar pelo corpo. Com isso explicou a metástase, principal arma do...

Câncer

O câncer é um crescimento descontrolado, em que um grupo de células passa a se reproduzir indefinidamente. A doença foi batizada pelo médico Hipócrates (460-370 a.C.), que comparou as veias do tumor às patas de um caranguejo – assim como os astrônomos gregos, que viam crustáceos nos céus.

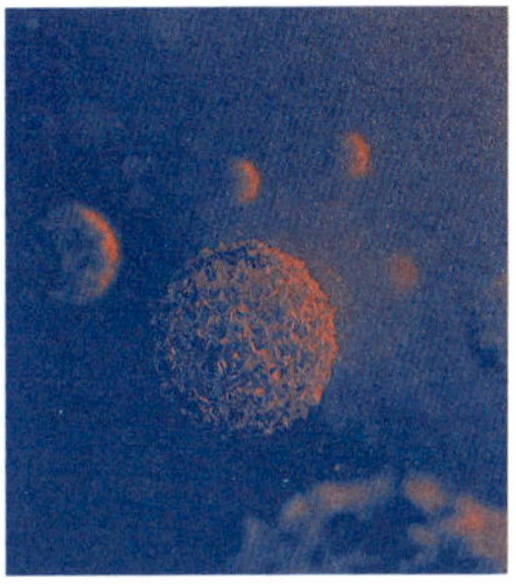

15

Da batata à barata

AUTOR
Fábio Marton

Batata

Levada à Europa pelos espanhóis em 1536, a *Solanum tuberosum* já era cultivada havia 7 mil anos nas terras do Peru. A batata gerou certa desconfiança entre os europeus, pois pertence à mesma família da beladona – uma planta venenosa. Mas, como era resistente e fácil de cultivar, acabou caindo no gosto popular e se tornando o principal alimento de diversos países do continente, entre eles a...

Irlanda

Em 1845, o país era tão dependente da batata que uma doença na planta, causada por um fungo, levou a um desastre demográfico do qual a Irlanda não se recuperou até hoje: sua população atual é menor do que era no século 19. Dos 6,5 milhões de habitantes do país, 1 milhão morreu e 3 milhões emigraram para países como os EUA. Os fugitivos da fome tiveram muitos filhos. Um deles era...

John Fitzgerald Kennedy

Foi o político mais jovem, e primeiro católico, a ser eleito presidente dos EUA. Em seu atribulado mandato, que acabou com seu assassinato em 1963, Kennedy enfrentou a crise dos mísseis em Cuba, tentou administrar a Guerra do Vietnã e, seu legado mais vistoso, determinou que o homem chegaria à Lua em dez anos. O resultado veio em 1969, seis anos após sua morte, e seria conhecido como...

Apollo 11

Foi a primeira vez em que humanos pisaram na Lua, ainda hoje um feito tecnológico de proporções impressionantes. Isso porque o Projeto Apollo não envolvia apenas foguetes e naves espaciais, mas também avanços em diversas ciências, como a computação, o processamento de alimentos e até a fotografia. Mas a corrida espacial ainda beneficiou um bicho muito odiado. A...

Barata

Fazendo uma experiência no espaço sideral, cientistas russos descobriram que as baratas se reproduzem melhor na ausência de gravidade: seus descendentes crescem mais rápido e ficam mais fortes que as baratas terrestres. Os insetos mutantes conservam seus superpoderes mesmo depois de chegar à Terra, e também têm um superapetite – comem mais de tudo, inclusive batata.

16

Do cilício ao silício

AUTOR
Fábio Marton

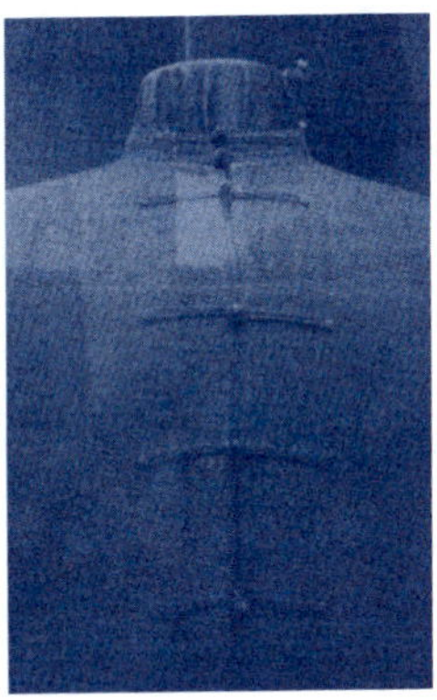

Cilício

É um instrumento de autoflagelação usado por católicos, com uma corrente de metal que se aperta em volta da coxa para causar dor. O antecessor do cilício era uma camisa ou roupa de baixo feita de pelos de cabra ou cavalo, tecida de forma muito grosseira e usada até ficar imunda e cheia de piolhos, de forma a incomodar e se prestar à penitência. Foi usado por várias ordens medievais, como os...

Franciscanos

Os seguidores de São Francisco de Assis (1182-1226) acreditavam que o sacrifício aproximava o homem de Deus. Um deles, Guilherme de Rubruck (1220-1293), viajou milhares de quilômetros para levar a palavra do santo até a Mongólia. Quando voltou, trouxe muito mais que relatos de costumes e a notícia de que havia cristãos entre os mongóis. Acredita-se que ele tenha trazido a...

Pólvora

Ela foi inventada por alquimistas chineses por volta do século 9, mas sua primeira menção no Ocidente só aconteceu em 1267, num escrito do também franciscano Roger Bacon (1214-1294). Ao contrário dos chineses, que logo perceberam o que tinham em mãos, os ocidentais demoraram a aproveitá-la. A pólvora só viria a dominar os combates muito tempo depois, com a invenção da...

Pederneira

Consiste numa pedra de sílex que é raspada numa placa de ferro para produzir faíscas e acender a pólvora. Inventada no início do século 17, ela foi usada como arma pelo exército na Revolução Francesa (1789-1799). Tentando conseguir armas mais potentes, o governo pediu que o cientista Antoine Lavoisier estudasse a pólvora. Em 1787, ele descobriu uma substância revolucionária. Era o...

Silício

Segundo elemento mais abundante do planeta, ele está em quase tudo o que chamamos de "terra" e "pedra". No século 20, descobriu-se que era perfeito para a fabricação de microchips, dando origem à revolução da informática, da internet e dos celulares – que, segundo a Igreja Católica, estão deixando as pessoas com menos tempo para a vida espiritual. É o silício tomando o lugar do cilício.

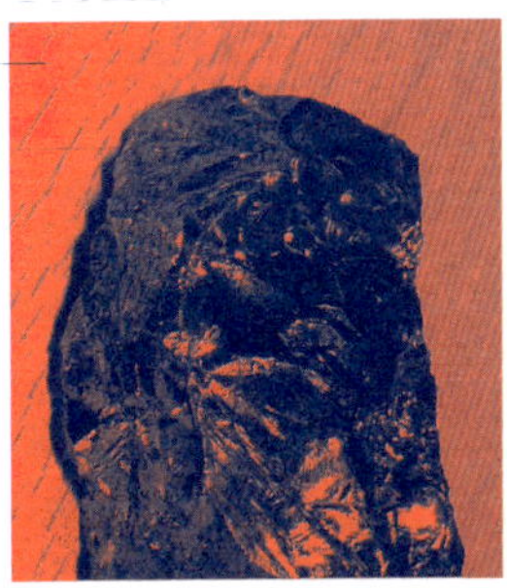

17

DO bangue-bangue AO Big Bang

AUTOR
Fábio Marton

Bangue-bangue

Esse gênero de filmes retrata, de forma meio exagerada, as agruras da colonização do oeste americano. Marcada por conflitos com os nativos e dificuldade em estabelecer a lei, a aventura começou em 1804, quando o presidente Thomas Jefferson (1743-1826) comprou dos franceses o meio-oeste dos Estados Unidos. Nesse território, estava a chamada Porta do Oeste, onde fica o atual Estado do...

Missouri

Situado à margem oeste do Rio Mississippi, o Estado já tinha universidade, banco e telégrafo quando a Corrida do Ouro começou. Ele marcava a fronteira onde acabava a civilização e começava o oeste selvagem. No pacato Missouri fica a minúscula cidade de Marshfield, com menos de 6 mil habitantes. Em 1889, a cidadezinha viu nascer seu mais ilustre filho, o astrônomo...

Edwin Hubble

Hubble, cujo nome batiza o mais famoso telescópio da Nasa, trabalhou como técnico de basquete, professor secundarista e militar antes de se estabelecer como astrônomo. Isso foi em 1919, trabalhando no então maior telescópio do mundo, o Hooker, em Los Angeles. Em 1º de janeiro de 1925, ele publicou um estudo revolucionário com suas observações. Tratava-se da existência das...

Galáxias

Até a descoberta delas, acreditava-se que o Universo inteiro resumia-se à nossa galáxia, a Via Láctea. Hubble observou que algumas nebulosas estavam longe demais e, portanto, não podiam fazer parte da Via Láctea. Eram outras galáxias. Ele continuou suas pesquisas e, em 1929, ao estudar a cor das galáxias, provou que elas estavam se afastando de nós. Era o primeiro indício do...

Big Bang

Como as galáxias estão se afastando umas das outras, deduz-se que elas um dia estiveram juntas, num ponto minúsculo com toda a matéria e energia do Universo. Esse ponto explodiu num "bang grandão", como a teoria foi chamada pelo astrônomo Fred Hoyle, que não acreditava nela e quis usar um termo pejorativo. Assim como quem batizou o cinema faroeste de "bangue-bangue".

1. DE ZUMBI AOS ZUMBIS
2. DO BOTOQUE AO BOTOX
3. DA LAMPARINA A LAMPIÃO
4. DE HOMERO A HOMER SIMPSON
5. DE GEORGE WASHINGTON A COMPADRE WASHINGTON
6. DE PARACELSO A ZÉ CELSO
7. DE MEDINA A GABRIEL MEDINA
8. DAS CRUZADAS ÀS PALAVRAS CRUZADAS
9. DOS PIRATAS DO CARIBE AOS PIRATAS DA SOMÁLIA
10. DO PAU À PEDRA
11. DA MADEIRA À MAMADEIRA
12. DE JACKIE KENNEDY A JACKIE CHAN
13. DE LADY DI À LEI DE MURPHY

CAP. 2

De Zumbi aos zumbis

1

AUTOR
Fábio Marton

Zumbi dos Palmares

Neto de uma princesa do Congo, ele nasceu em 1655, no Quilombo dos Palmares. Aos 23 anos, tornou-se líder do povoado, que virou o grande foco de resistência dos negros à escravidão. Mas o mérito não foi apenas de Zumbi. Palmares foi ajudado por um conflito que distraiu os portugueses. A...

Invasão Holandesa

Em guerra com a Espanha, que era dona de Portugal, os holandeses começaram a atacar o Brasil em 1630. Isso atrapalhou a repressão a Palmares e soltou milhares de escravos. Os holandeses não ficaram por aqui. Mas aprenderam o bastante para se tornar uma potência colonial. Que chegaria ao auge com...

Guilherme 3º

Em 1688, o rei da Holanda invadiu a Inglaterra com seu exército. Assumiu o trono e partiu para cima da França, na chamada Guerra dos Nove Anos. Não deu muito certo. Tanto que, em 1697, Guilherme 3º decidiu fazer um acordo de paz, cedendo aos franceses parte de uma ilha no Caribe. Que ganharia o nome de...

Haiti

O país logo se tornou campeão na produção de açúcar e também na escravidão. Mas, em 1804, viu a maior revolta de escravos da história do mundo. Os negros conquistaram independência e expulsaram os brancos. Isso fez com que o Haiti desenvolvesse uma cultura quase 100% africana. Cuja lenda mais célebre são os...

Zumbis

Os haitianos acreditam que os bruxos são capazes de ressuscitar os mortos e transformá-los em zumbis. A palavra quer dizer algo como "fantasmas" em vários dialetos bantu e também é a origem do nome Zumbi dos Palmares, que tinha fama de sobrenatural. Os escravos só aceitaram que ele estava morto quando sua cabeça foi separada do corpo. Como os zumbis dos filmes.

2

Do botoque ao botox

AUTOR
Fábio Marton

Botoque
É um adereço usado por várias tribos brasileiras, como os aimorés (também conhecidos como botocudos) e os caiapós, liderados pelo famoso cacique Raoni. Consiste de um disco de madeira usado para alargar o lábio inferior. Mas o nome botoque não é indígena: vem de uma antiga palavra portuguesa para...

Rolha
Quando chegaram ao Brasil, os portugueses acharam que o adereço dos índios se parecia com uma rolha de barril – e o batizaram como tal. Além de inspirar os portugueses e conservar bebidas e alimentos, a rolha também teve papel crucial na evolução da ciência. Tudo graças ao biólogo britânico...

Robert Hooke
Hooke (1635-1703) descobriu que, quando ampliadas, as rolhas lembravam colmeias – estavam cheias de pequenas subdivisões que ele chamou de células ("quartinho", em latim). Hooke escreveu um livro a respeito. Foi o marco zero da microbiologia, que permitiu começar a identificar os micróbios causadores de doenças. Como o...

Clostridium botulinum
Em 1895, o médico belga Émile van Ermengem analisou um presunto estragado que havia matado três pessoas e nele encontrou o *Clostridium* – causador do botulismo, uma doença que paralisa os músculos. Ela é provocada pela toxina botulínica, veneno que é produzido pelo *Clostridium*. E que também é o princípio ativo do...

Botox
Em 1989, o cirurgião Richard Clark teve uma ideia para acabar com as rugas: injetar toxina botulínica no rosto das pacientes, paralisando seus músculos faciais. Hoje o Botox é usado por 2,5 milhões de pessoas só nos EUA. E modifica a expressão facial de seus adeptos – em alguns casos, tão profundamente quanto o botoque.

3

Da lamparina a Lampião

AUTOR
Fábio Marton

Lamparina

Também chamada de lâmpada a óleo, existe desde a Pré-História. A lamparina era simplesmente um recipiente pequeno, de barro ou metal, com uma alça em uma ponta e uma mecha de tecido em outra – igual àquela lâmpada da qual sai um gênio, segundo as lendas árabes. Seu combustível podia ser petróleo, azeite ou...

Óleo de baleia

O homem caça baleias desde a Idade da Pedra. Mas as maiores, como a baleia franca, só começaram a ser capturadas no século 14, por baleeiros bascos – que no século 16 se instalaram na Bahia. Depois do pau-brasil, a caça foi uma das principais atividades da região, até perder espaço para o ciclo do...

Açúcar

Os portugueses trouxeram a cana da Índia para cultivá-la no Brasil, principalmente no Nordeste, onde havia um solo argiloso chamado massapé. A partir de Salvador, a cana foi tomando terras mais ao Norte, onde hoje fica o Estado de Pernambuco. Assim foram fundadas novas cidades, como...

Serra Talhada

Em 1752, o capitão português Agostinho Nunes de Magalhães desembarcou em Salvador para fundar um engenho de cana. Após uma longa viagem pelo sertão, encontrou um lugar na base de uma serra, que parecia cortada – daí o nome. Sua fazenda se tornaria uma vila, e depois uma cidade. A terra natal de...

Lampião

Nascido em 1897, Virgulino Ferreira da Silva era um artesão cujo pai foi morto pela polícia, em 1919. Jurou vingança, cumpriu a promessa e virou o líder de bando mais célebre do Nordeste. O apelido veio do fuzil que ele usava, que emitia um clarão quando disparava. Como um lampião de gás – e também uma lamparina.

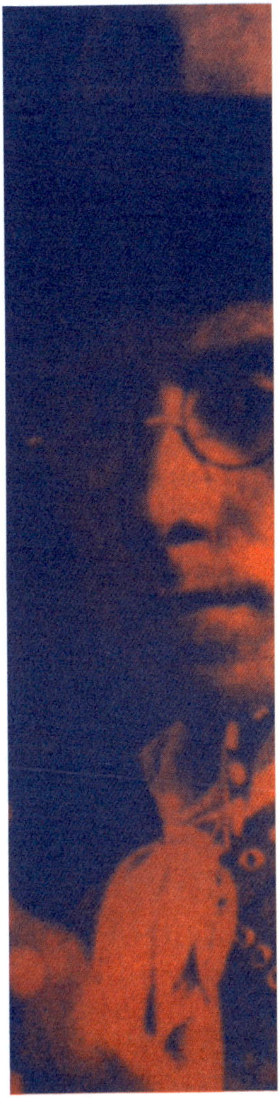

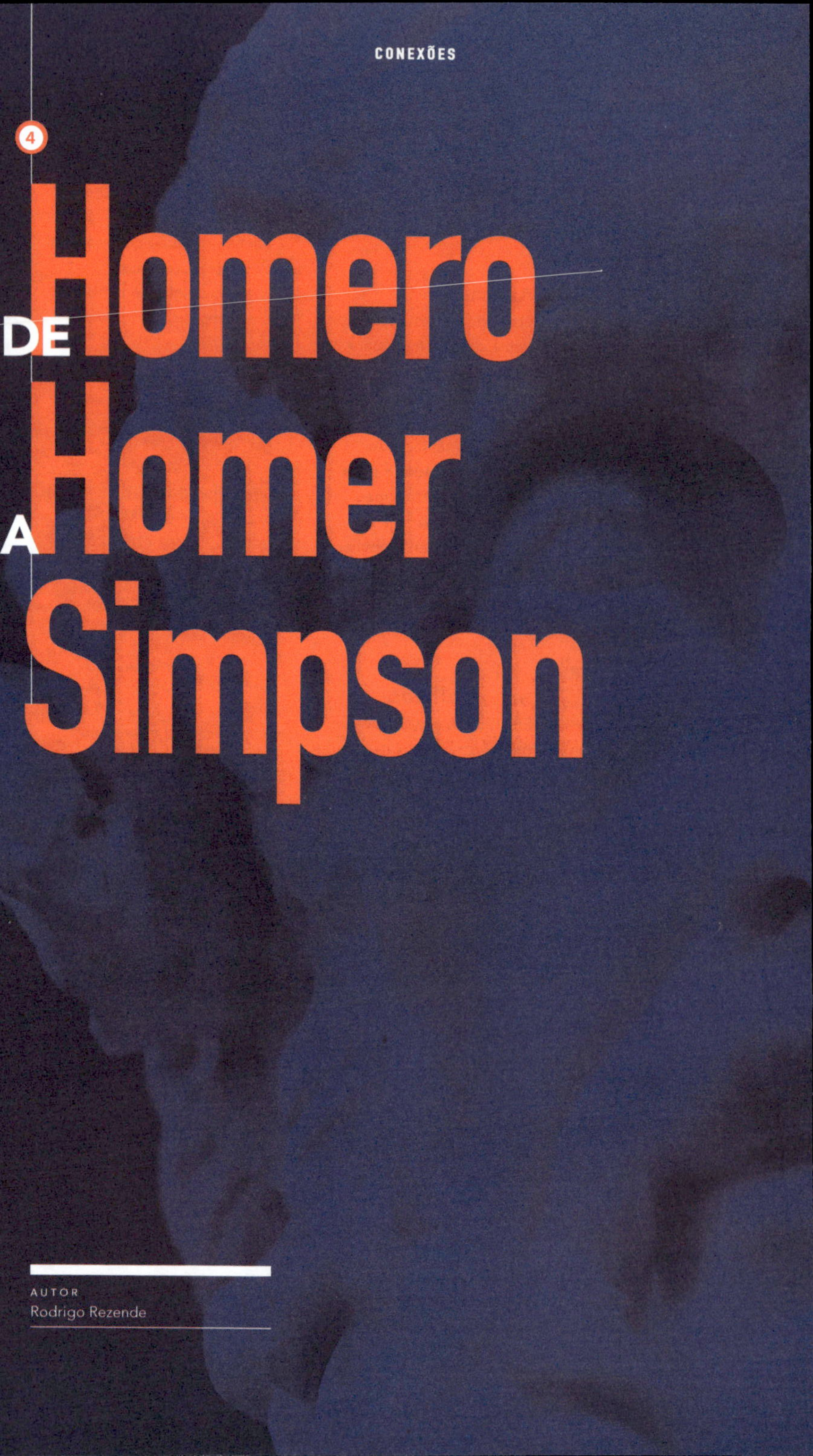

4

DE Homero A Homer Simpson

AUTOR
Rodrigo Rezende

Homero

Um velhinho cego que viveu na ilha de Chios, Grécia. Era assim que se imaginava a figura do escritor mais importante da Antiguidade. Para a maioria dos historiadores atuais, é impossível saber a origem, a data e a autoria dos versos atribuídos a Homero, como a *Ilíada* – poema épico que narra a Guerra de Troia. No século 17 da Era Cristã, esse episódio cheio de mitos e heróis era uma obsessão do inglês...

Isaac Newton

O gênio da ciência queimou muitos neurônios tentando calcular a data da Guerra de Troia e decifrar receitas de alquimia ocultas nos mitos gregos. Isso porque Física era só um passatempo para Newton – sua biblioteca tinha mais livros de humanidades que de matemática. Ainda assim tornou-se professor lucasiano de matemática da Universidade de...

Cambridge

Charles Darwin, James Maxwell, J.J. Thomson, Ernest Rutherford, Francis Crick e Alan Turing. São apenas alguns dos monstros da ciência que passaram pela maior fábrica de Prêmios Nobel do planeta. A instituição conta quase 9 séculos de existência e é detentora de 82 estatuetas. A cadeira de professor lucasiano – um título honorífico dado a apenas 17 homens desde 1663 – continua lá. A cadeira já foi ocupada por...

Stephen Hawking

Imagine a seguinte situação: você está preso a uma cadeira de rodas e a única coisa que pode fazer para se comunicar com o mundo é mover a bochecha. É assim que vive o cientista mais famoso da atualidade. Apesar disso, o físico inglês Stephen Hawking, 74, consegue dar aulas, escrever livros e calcular a densidade de buracos negros. Tudo graças a um sintetizador de voz computadorizado, que ele usou até para falar com...

Homer Simpson

"Você se divertiu com seu amigo robô, Lisa?", diz Homer num episódio de 1999 de *Os Simpsons*. Ele se referia a Hawking, que foi retratado no desenho e dublou seu personagem com o sintetizador de voz. As trapalhadas de Homer são inspiradas no pai do criador da série, Matt Groening. Mas sabe o que significa Homer em inglês? Hesíodo. D'oh!, foi mal. É Homero.

5

De George Washington a Compadre Washington

AUTOR
Fábio Marton

George Washington

General na Guerra de Independência americana (1775-1783), tornou-se o primeiro presidente dos EUA em 1789. Com o tempo, o país virou potência e assumiu uma postura expansionista tomando territórios do México e do Panamá. Mas a imagem imperialista pegou mal, e os EUA tentaram suavizá-la com a...

Política de boa vizinhança

Criada por Franklin Roosevelt nos anos 1930, a estratégia ditava que os EUA não fariam mais intervenções militares contra vizinhos – e levou à retirada de tropas americanas do Haiti e da Nicarágua em 1934. A política buscava tornar os EUA mais simpáticos para a América Latina. E também incluiu um filme de Walt Disney...

Saludos Amigos

O filme, de 1942, tem cenas que se passam no Chile, no Peru, na Argentina e no Brasil – com Zé Carioca e a canção *Aquarela do Brasil*. A música, que havia sido composta por Ary Barroso, consolidou o samba como um tesouro da cultura brasileira que deveria ser protegido de tudo o que pudesse descaracterizá-lo. E abriu espaço para o...

Pagode

No começo, o termo significava "festa" – com ou sem samba. Com o tempo, passou a designar o samba informal. Um samba menos purista que foi juntando influências de R&B, soul e axé music e novos instrumentos, como teclados e metais, até desembocar no chamado "novo pagode" dos anos 1990, do qual o maior expoente foi...

Compadre Washington

Ele surgiu em 1992 com o grupo Gera Samba, rebatizado de É o Tchan devido a uma disputa legal. Com letras maliciosas e danças idem, o Tchan não agradou nem um pouco à crítica – mas virou campeão de vendas. O novo pagode começou modesto, mas ficou poderoso e irritou muita gente. Como os EUA de George Washington.

6

De Paracelso a Zé Celso

AUTOR
Rodrigo Rezende

Paracelso

"Ele vivia como um porco, ficava a maior parte do tempo bêbado." Se você acha que esse sujeito é um vagabundo qualquer, está muito enganado. Trata-se de Philippus Aureolus Theophrastus Bombastus (1493-1541), vulgo Paracelso. Mesmo sendo o médico mais respeitado da época, gostava de aprender coisas com mendigos, feiticeiros e ladrões. E de inventar maluquices, como a receita para o...

Homúnculo

Pegue um pouquinho de sêmen humano, enterre em esterco de cavalo, passe um ímã e voilá: surge um homenzinho de 12 cm, o homúnculo. Segundo livros da época, o anãozinho é até poeta: "Venho pairando/na mais plena acepção do termo/ querendo ver quebrada/ minha vítrea prisão". A crise existencial do homúnculo está em *Fausto*, obra-prima de...

Goethe

Um dos expoentes máximos do romantismo alemão, o escritor Johann Wolfgang von Goethe (1749-1832) também era alquimista amador. Além de inspirar ondas de suicídio na Europa com a melancolia das palavras de *Os Sofrimentos do Jovem Werther*, ele foi um dos maiores dramaturgos da história. O *Fausto* de Goethe é uma das obras fundamentais do teatro moderno, e foi encenada por...

Bertold Brecht

O médico e dramaturgo Bertold Brecht (1898-1956) revolucionou o teatro alemão, que passou a retratar os duros tempos do pós-guerra. Criticado por seus ideais marxistas, ele se mudou para a Alemanha Oriental e montou um grupo de teatro por lá. Hoje, o teatro de Brecht em Berlim encena peças até de...

Zé Celso

Orgias, gritos, música, mendigos, ladrões e profetas. Tudo isso invadiu o teatro *Volksbühne*, ou "palco do povo", com a peça *Os Sertões*, de José Celso Martinez Corrêa. Se Paracelso tivesse visto uma das peças do dramaturgo brasileiro Zé Celso, iria se sentir bem à vontade. E descobriria uma afinidade ainda maior que o "celso" no nome de ambos: o gosto pelo mágico e pelo bizarro

De Medina a Gabriel Medina

7

AUTOR
Rodolfo Viana

Medina

A cidade, na atual Arábia Saudita, é importantíssima na história do Islã. Foi após migrar de Meca para Medina que Maomé conseguiu um volume suficiente de seguidores para iniciar suas campanhas militares. Tanto que seu túmulo fica lá. Antes de ser conquistada pelos islâmicos, a cidade era governada pelo...

Império Sassânida

Foi o último Império Persa pré-islâmico, e uma das principais potências da Ásia Ocidental e Central, que então rivalizava com o poderio do Império Bizantino, remanescente do Império Romano. Eram velhos inimigos: tudo começou com o imperador...

Diocleciano

Entre os anos 284 e 305, seu governo salvou Roma da derrocada iminente. Promoveu reformas na administração e no recrutamento militar, aumentando seu exército de 350 mil para 500 mil homens. Mas nem tudo foi positivo: ele mandou matar o capitão de sua guarda pessoal...

São Sebastião

Por ser brando com os prisioneiros cristãos, acabou julgado como traidor. Foi amarrado a uma árvore e flechado – mas não morreu. Seu fim viria quando ele voltou ao imperador para tentar convertê-lo, e foi executado de novo, dessa vez para valer. O santo batiza a cidade do litoral paulista onde nasceu...

Gabriel Medina

Foi nas modestas ondas do litoral paulista que começou o campeão mundial de 2011 da Liga Internacional do Surfe. Aos 17 anos, foi o mais jovem a vencer, e logo na estreia. Em 2015, foi eleito uma das cem pessoas mais influentes do mundo da revista *Time* – que também contemplou, vejam só, Maomé.

8

Das Cruzadas às palavras cruzadas

AUTOR
Fábio Marton

Cruzadas

Em 1095, o papa Urbano 2º iniciou a primeira Cruzada: uma ofensiva militar cristã que culminou, em 1099, com a tomada de Jerusalém dos muçulmanos. Esse gesto nunca foi perdoado, tanto que até hoje radicais islâmicos usam o termo "cruzados" para se referir pejorativamente aos cristãos. Mas nem tudo era ódio, e a nobreza europeia adotou alguns costumes dos islâmicos. Como o gosto por...

Especiarias

Os cristãos voltaram à Europa trazendo consigo temperos orientais, que logo caíram no gosto dos ricos: eram considerados não apenas saborosos, mas de grande valor medicinal. Foi em busca de especiarias que o lusitano Vasco da Gama saiu navegando pelos oceanos, em expedições que ajudaram a consolidar o império português. Mas logo Portugal perderia espaço para outra potência, a...

Holanda

No final do século 16, ao mesmo tempo em que Portugal passava para o domínio da Espanha, a Holanda tornava-se independente. Os holandeses aproveitaram a fraqueza de Portugal e assumiram a liderança no comércio de especiarias com o Oriente. Eles também montaram colônias na América, fundando ao Norte a cidade de Nova Amsterdã, que em 1674 seria rebatizada como...

Nova York

Para encerrar a 2ª Guerra Anglo-Holandesa (1672-1674), a Holanda deixou a cidade para os ingleses, que instituíram uma lei dura: era proibido criticar o governo. Até que, em 1735, o jornalista John Zenger enfrentou essa lei e venceu na Justiça. NY virou sinônimo de liberdade de imprensa e ganhou cada vez mais jornais. Como o *New York World*, pioneiro da reportagem investigativa e também das...

Palavras cruzadas

Propriedade de Joseph Pulitzer (1847-1911), o *World* era conhecido pelo sensacionalismo. Em dezembro de 1913, criou uma seção diferente de tudo o que já se vira: um joguinho em que o leitor deveria preencher palavras que se cruzavam na horizontal e na vertical. Nasciam as palavras cruzadas. Uma febre mundial, que é publicada por quase todos os jornais do planeta – e agrada a mouros e cristãos.

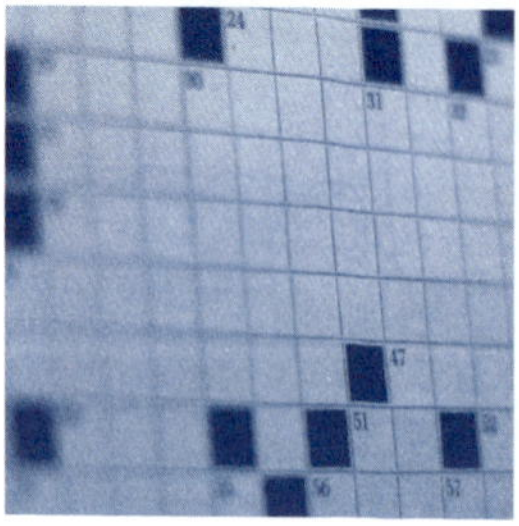

9

Dos piratas do Caribe aos piratas da Somália

AUTOR
Fábio Marton

Piratas do Caribe

No século 16, o Caribe virou um corredor de riquezas: tudo o que a Espanha, a Inglaterra, a França e a Holanda tiravam da América passava por lá. Isso atraiu muitos grupos de piratas, que eram pagos pelas potências europeias para atacar navios de países rivais. Eles eram chamados de corsários (a palavra "corso" significa pilhagem). Entre os mais temidos estavam os corsários otomanos, que vinham da...

Berbéria

Era uma região no norte da África habitada por povos caucasianos e grandes piratas – o lendário Barba Ruiva, por exemplo, era um berbere. Os berberes adoravam armar ataques contra navios europeus, tomando riquezas no Mediterrâneo e no Atlântico. Em 1801, quando quase já não havia mais piratas no Caribe, os berberes sentiam-se tão poderosos que resolveram declarar guerra aos...

EUA

Assim que Thomas Jefferson assumiu o poder nos Estados Unidos, em 1801, o líder dos berberes, Yusuf Karamanli, exigiu o pagamento de US$ 250 mil a título de "tributos". Jefferson não aceitou e os berberes declararam guerra – foi o primeiro conflito militar da história dos EUA, que tinham menos de 30 anos de idade. Os americanos venceram. E só voltariam a se envolver em conflitos africanos muito tempo depois, na...

Guerra Civil Somali

Em 1977, o ditador Siad Barre ficou de mal com a URSS, virou a casaca e passou a ser patrocinado pelos americanos. Essa mudança desagradou profundamente alguns grupos locais, que pegaram em armas para derrubar o governo – e conseguiram, em 1991. Mas não conseguiram impor controle sobre o país, que mergulhou no caos e abriu espaço para profissões "alternativas". Como a dos infames...

Piratas da Somália

Entre 1995 e 2013, ex-guerrilheiros e ex-pescadores tocaram o terror na costa da Somália, chegando a 151 ataques em 2015. A repressão e a adoção de táticas defensivas, incluindo armar a tripulação de cargueiros, como na época da pirataria, levou ao seu declínio e quase extinção. Seu reinado foi bem menor que os séculos de pirataria no Caribe – e provavelmente nunca renderá uma franquia bilionária que teima em não acabar.

10

Do pau à pedra

AUTOR
Rodrigo Rezende

Pau

O que você faz com dois pedaços de madeira? O grego Eratóstenes, em 276 a.C., calculou a circunferência da Terra. Ele fincou, ao meio-dia, um dos paus na cidade de Siena, no Egito, e outro em Alexandria, a 800 km. Só um deles fez sombra, num ângulo de 7 graus. "Se 7 graus equivalem a 800 km da superfície da Terra, então os 360 do planeta inteiro correspondem a 40 mil km", pensou. E registrou o diâmetro da Terra na...

Biblioteca de Alexandria

A instituição possuía o maior patrimônio intelectual da Antiguidade: 500 mil papiros. A sede por conhecimento era tão grande por lá que as autoridades vasculhavam embarcações estrangeiras para roubar livros. Mas aí veio uma série de guerras que arrasaram a biblioteca. Felizmente, algumas obras sobreviveram à destruição e chegaram aos...

Grandes navegadores

A cartografia de Eratóstenes e os mapas do céu de Ptolomeu faziam parte do kit de sobrevivência de qualquer navegante dos bons. Cristóvão Colombo, por exemplo, devorou os clássicos dos grandes sábios de Alexandria. Mas, com o avanço das empreitadas náuticas, era necessário entender os astros ainda melhor. Como as navegações rendiam uma grana alta, acabaram catapultando o desenvolvimento da...

Astronomia

Daí para a frente choveram quadrantes, astrolábios, sextantes, balestilhas, octantes e mais uma batelada de instrumentos náuticos com nomes bizarros na Europa. Mas, além de progresso técnico, também houve um bom adianto na teoria astronômica. Veio o telescópio, a descoberta das órbitas elípticas, a lei da gravidade, o planeta Urano. E, em 1801, o italiano Giuseppe Piazzi viu uma enorme...

Pedra

Na verdade, o pedregulho era Ceres, um asteroide que, ao contrário de Plutão, se deu bem em 2006: foi promovido a planeta anão. Hoje já conhecemos milhares dos colegas de Ceres. Eles geralmente ficam em órbita entre Marte e Júpiter. Mas, a qualquer momento, um deles pode nos visitar. E aí provavelmente já era: encaramos o mesmo destino dos dinos. Não sobra nem pau nem pedra. É o fim do caminho.

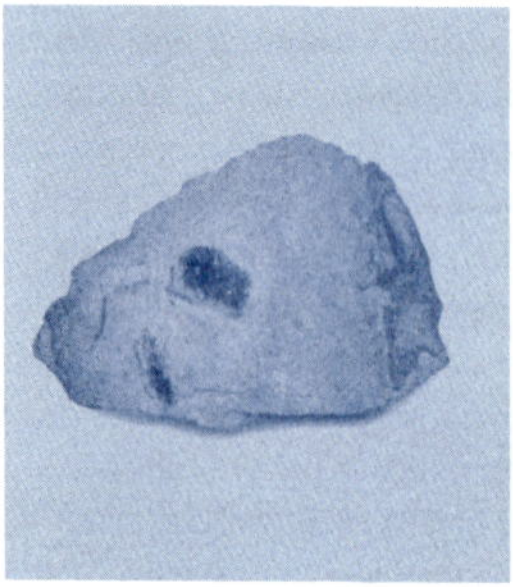

11

Da madeira à mamadeira

AUTOR
Fábio Marton

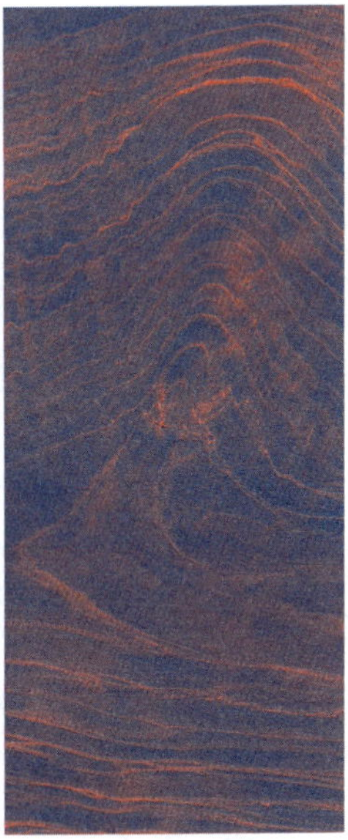

Madeira

As árvores têm um tecido interno, o xilema, que leva água e nutrientes da raiz até as pontas. Quando a árvore morre, ele endurece e vira madeira – um material que sempre foi fundamental para o desenvolvimento da humanidade. Principalmente no fim da Idade Média, época em que Portugal chegou à...

Macaronésia

No século 14, exploradores portugueses alcançaram essa região do Atlântico, cujo nome significa "ilhas felizes" em grego. Portugal se apossou de um arquipélago ali, os Açores, cheio de florestas, e de lá extraiu matéria-prima para sua indústria naval. E também um ponto de parada para os navegantes. O trampolim perfeito para o...

Descobrimento

Em 1500, Cabral apareceu por aqui mais para confirmar a posse de um território já esperado e logo partiu para a Índia, onde estavam as especiarias – e o dinheiro. Mas o novo continente deu lucro. Depois do pau-brasil e do açúcar, outro produto da América acabaria ganhando valor muito tempo depois. Trata-se da...

Borracha

Em 1736, o francês Charles La Condamine veio à América e se encantou com um material que os nativos usavam para fazer bolas. Esse composto viria a ser conhecido como borracha. E só se tornou útil mesmo em 1839, quando surgiu o processo de vulcanização – que permitiu a criação de várias coisas, entre elas a...

Mamadeira

Graças à borracha vulcanizada (prensada), foi possível criar o bico flexível – e, com ele, a mamadeira moderna. No século 20, ela virou um hit entre os bebês. E os bebês, um hit entre os casais – o que causou uma explosão demográfica, o *baby boom*, e acabou levando a grandes desmatamentos. A mamadeira virou inimiga da madeira.

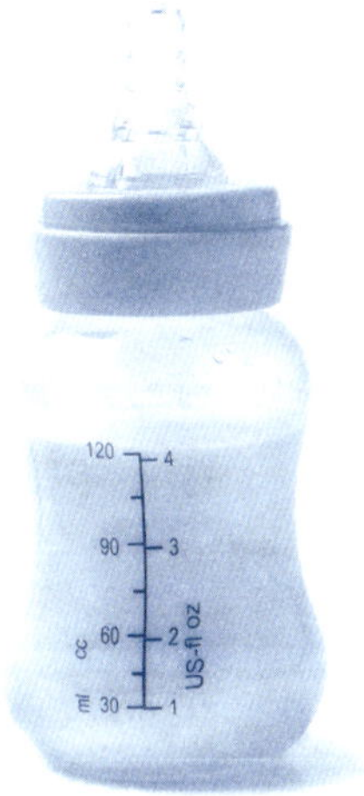

12

DE Jackie Kennedy A Jackie Chan

AUTOR
Fábio Marton

Jackie Kennedy

Após breve carreira como jornalista, ela se casou em 1953 com o então congressista John Fitzgerald Kennedy. Em 1961, quando JFK tornou-se presidente dos EUA, Jackie virou primeira-dama e ícone internacional. Mas sua vida foi brutalmente alterada por...

Lee Harvey Oswald

Ex-militar, Oswald assassinou JFK com um tiro durante um desfile oficial em 22 de novembro de 1963. Os motivos do crime nunca foram esclarecidos. Porque, apenas dois dias depois, Oswald foi assassinado pelo dono de boate Jack Ruby, em frente às câmeras da maior rede de TV dos EUA, a...

CBS

A Columbia Broadcasting System surgiu ainda na era do rádio, em 1928. Foi por meio dela que os americanos recebiam notícias ao vivo durante a 2ª Guerra Mundial. Depois do conflito, a CBS se tornou uma bem-sucedida emissora de TV, com profissionais como...

Robert Clouse

Fotógrafo, Clouse capturava imagens exibidas nos programas da CBS. Também fez carreira no cinema, dirigindo Bruce Lee em *Operação Dragão*, de 1973. Lee morreu logo após o filme, e Clouse foi buscar novos talentos. Até que, em 1980, encontrou um, em Hong Kong...

Jackie Chan

Ator desde os 5 anos, Chan chegou a Hollywood com o filme *O Grande Lutador*, dirigido por Clouse. Foi um fracasso, e Chan só voltou aos EUA muitos anos depois. Assim como Jackie Kennedy – que não pisou no país entre 1968 e 1975, durante seu casamento com Aristóteles Onassis.

De Lady Di à Lei de Murphy

13

AUTOR
Rodolfo Viana

Lady Di

Diana Spencer, a inesquecível Princesa de Gales, chocou o mundo com sua morte prematura em 1997. A união de 11 anos com o príncipe Charles foi marcada por escândalos e traições. Filantropa, combateu a aids e ficou em 3ª numa lista de maiores britânicos da história, rol encabeçado por...

Winston Churchill

O mais famoso primeiro-ministro britânico também foi escritor, jornalista, historiador e notório fumante de charutos e bebedor de uísques. Após a invasão da Polônia pela Alemanha, no cargo de primeiro-ministro inglês, ele declarou guerra aos nazistas. Era o início da...

ª Guerra

)s dois lados, Eixo e Aliados, mobilizaram nais de 100 milhões de nilitares nas batalhas para s maiores atrocidades ontra civis da história. Todo mundo se lembra lo conflito na Europa, nas um dos palcos mais angrentos e acirrados lo conflito foi o...

Sudeste Asiático

Aliados travaram brutais combates com os japoneses em locais como Burma e as Filipinas. Entre eles, o americano Edward A. Murphy Jr., que serviu pela Força Aérea em Mianmar e outros países. Em 1949, trabalhando como engenheiro aeroespacial, ele formulou a...

Lei de Murphy

Durante testes de tolerância à gravidade, Murphy afirmou: "se algo pode dar errado, dará". A frase passou a ser usada quando algo dava errado ou era fadado ao fracasso. Como casar com o príncipe Charles ou tentar fugir dos paparazzi acelerando o carro.

1. DE *DIRTY HARRY* A *HARRY POTTER*
2. DE JAH A JABBA
3. DA IOGA AO YODA
4. DA CHIMBICA A CHEWBACCA
5. DA TARANTELA AO TARANTINO
6. DO X-SALADA AOS X-MEN
7. DE MILTON NASCIMENTO A CAPITÃO NASCIMENTO
8. DE HONG KONG AO KING KONG
9. DO BEAGLE A SMEAGOL
10. DE DOM QUIXOTE A DON CORLEONE
11. DO SIMCITY À *SIN CITY*
12. DE KEVIN BACON AO BACONZITOS
13. DO DODÔ A BARDOT
14. DE COCO CHANEL A ZOOEY DESCHANEL

69

72

E-

73

74

76

MA

78

79

81

84

85

CAP. 3

86

88

89

91

1

De Dirty Harry a Harry Potter

AUTOR
Fábio Marton

Dirty Harry

Lançado em 1971, foi o filme que consagrou Clint Eastwood, no papel de um policial durão. Fez sucesso, teve várias continuações e marcou a carreira de Clint. Marcou tanto que, para mudar de ares, ele decidiu atuar em uma comédia: *Doido para Brigar... Louco para Amar*, a história de um caminhoneiro e seu..

Orangotango

No filme, Clint e o orangotango Clyde são grandes amigos. Mas, por trás das câmeras, o animal era maltratado. Um dia, pego comendo donuts do set de filmagem, foi espancado e morreu. Na natureza, os orangotangos se alimentam de uma planta chamada *Strychnos nux-vomica*, da qual é extraída a...

Estricnina

O orangotango é imune à estricnina, um veneno bastante potente. Por incrível que pareça, ela já foi usada como tratamento para problemas intestinais (e está "presente", em doses nulas, em alguns remédios homeopáticos). A estricnina também é usada em cobaias, para simular os efeitos da...

Esclerose múltipla

Doença degenerativa que atinge o sistema nervoso, ela não tem cura e afeta 2,5 milhões de pessoas em todo o mundo. Entre elas Anee Rowling, mãe da escritora J.K. Rowling. Após dez anos lutando com a doença, Anee morreu enquanto a filha estava escrevendo o primeiro volume de...

Harry Potter

J.K. Rowling foi muito influenciada pela morte da mãe – é por causa disso que Harry é um órfão. O lado depressivo da autora também se manifesta nos *dementors*, monstros que sugam a vontade de viver, e em Lord Voldemort, um assassino cruel que não hesita em matar crianças. Exatamente como Scorpio, arqui-inimigo de Dirty Harry.

2

De Jah a Jabba

AUTOR
Rodrigo Rezende

Jah

É o nome do deus do rastafarianismo, movimento político-religioso que nasceu na Jamaica nos anos 1930. Os mais de 600 mil fiéis acreditam que o imperador etíope Haïlé Selassié 1º (1892-1875) tenha sido a encarnação de Pai e Filho na Santíssima Trindade cristã. Nascido da reinterpretação da Bíblia pelas classes trabalhadoras negras jamaicanas, o movimento se espalhou pelo mundo com as músicas de...

Bob Marley

Assim que o reggae do cantor estourou, uma enxurrada de jovens de cabelo comprido enrolado e despenteado passou a queimar toneladas da erva sagrada dos rastas. Fora da Jamaica, o que era religiosidade no rastafarianismo se fundiu com a cultura hippie e foi usado como pretexto para o consumo desvairado da maconha. Nos anos 1970 o hábito invadiu...

Hollywood

"Quem fosse cabeludo, fumasse maconha, usasse um monte de colares e vestisse calças de veludo coloridas tinha carta branca em Hollywood naquela época", afirmou o cineasta Paul Mazursky. Mas maconha era fichinha perto do que rolava nos estúdios. LSD, mescalina, cocaína, orgias com estrelas pornôs e até roletas-russas aconteceram por trás das câmeras. Um dos que chafurdaram no caos hollywoodiano foi...

Francis Ford Coppola

O diretor da saga *O Poderoso Chefão* pegava pesado na cocaína e companhia. Um dia ficou "alto" a ponto de propor um filme de 10 horas baseado na obra *Afinidades Eletivas*, de Goethe. Detalhe: o filme era para óculos 3D. Apesar dos planos malucos, Coppola era um cineasta bem prolífico e respeitado em Hollywood. Tanto que um dos diretores mais bem-sucedidos da história virou seu assistente: o criador de...

Jabba The Hutt

Foi da cabeça de George Lucas que saiu uma das cenas mais famosas do cinema: Han Solo e Chewbacca visitam um bar cheio de criaturas bizarras atrás de um monstrengo gigantesco e gosmento. Esse monstro é Jabba the Hutt, um dos ícones da série de ficção científica de maior bilheteria do cinema. O sucesso da série foi tão estrondoso que criou uma legião de fanáticos. Para eles, *Star Wars* é uma religião com seus próprios deuses, ou "Jahs".

3

Da ioga ao Yoda

AUTOR
Fábio Marton

Ioga
Ioga é um conjunto de práticas do corpo e da mente cujo objetivo é, pelo controle das funções orgânicas e dos desejos, superar o ciclo de reencarnação e atingir o nirvana. Essas ideias passaram a ser mais conhecidas no Ocidente no século 19, por meio de antropólogos orientalistas, como...

Émile Burnouf
O francês Burnouf (1821-1907) tem um legado ambíguo. Antes dele, a palavra "ariano" se referia aos indo-arianos, povo que fundou o hinduísmo. Burnouf passou a chamar todos os brancos de arianos e propôs a suástica, símbolo tradicional hindu, como emblema para essa "raça superior". Coisa que se tornou o símbolo do...

Nazismo
A filosofia racista subiu ao poder na Alemanha no começo dos anos 1930 e foi aplicada na conquista de um novo "espaço vital" para os arianos. Pessoas de todos os tipos se mobilizaram contra os nazis – até gente como o titeriteiro holandês Frances Oznowicz, que lutou ao lado dos ingleses. Ele também teve um filho durante a guerra...

Frank Oz
Com a Europa devastada, a família de Oz mudou-se para os EUA. Frank herdou do pai o talento para marionetes e alcançou o sucesso no programa *The Muppet Show* – no qual criou os personagens Fozzy e Miss Piggy. Um ano depois, foi convidado para outro projeto: *Star Wars*, no qual desenhou, movimentou e dublou...

Yoda
A forma de falar ao contrário de Yoda foi invenção de Oz, que até hoje dubla o personagem. Em *Star Wars*, Yoda é retratado como um mestre jedi de 900 anos, guardião de uma filosofia milenar que teve alguns de seus elementos usurpados e deturpados pelo "lado negro da força" – como também aconteceu à ioga.

Da chimbica a Chewbacca

4

AUTOR
Fábio Marton

Chimbica

Até o século 20, essa palavra significava pessoa ou animal pequeno. Depois, se tornou uma gíria para carro minúsculo e velho – em particular o lendário Ford Modelo T. Ele era um veículo primitivo e desconfortável. Mas, mesmo assim, deu um empurrão decisivo na...

Urbanização

Com todo mundo tendo sua própria chimbica, as cidades dos EUA passaram a ser planejadas levando em conta os carros, com grandes avenidas e autoestradas conduzindo a subúrbios de classe média. Isso foi particularmente frequente na Califórnia, em cidades como...

San Jose

Conhecida como "Los Angeles do Norte", a cidade é vizinha de São Francisco. San Jose é a capital do Vale do Silício e a sede de várias empresas de tecnologia, como PayPal e Adobe. Mas, antes de virar um polo high-tech, sua principal atração era o zoológico. O...

Happy Hollow Park

Fundado em 1961, ele reúne uma coleção de 140 espécies selvagens, como onças, lêmures, suricatos e ursos – um dos quais se chamava Tarik e, nos anos 1970, teve os grunhidos gravados pelo engenheiro de som Ben Burtt. Nascia a voz do personagem...

Chewbacca

A fala de Chewie mistura os sons de vários bichos. O urso é o mais evidente, mas há também camelo, morsa, leão, tigre e até coelho. A única pessoa a entender o que ele diz é seu amigo Han Solo, que pilota a estropiada nave Millenium Falcon – uma verdadeira chimbica estelar.

Da Tarantela ao Tarantino

5

AUTOR
Fábio Marton

Tarantela

Ela surgiu como uma espécie de remédio. Na Idade Média, uma lenda dizia que dançar loucamente curaria as picadas de tarântula *(Lycosa tarantula)* – aranha que ganhou esse nome por ser comum em Taranto, sul da Itália. Além de atemorizar as pessoas, as aranhas também têm uma característica bonita. Sua capacidade de produzir...

Seda

É uma fibra de proteína fabricada pelas aranhas e por outros artrópodes, como certas formigas, abelhas e, notoriamente, as lagartas da mariposa *Bombix mori*, mais conhecida como bicho-da-seda. Mas a seda da lagarta é difícil e cara de produzir, o que levou à invenção de substitutos artificiais, como rayon, poliéster e...

Acetato de celulose

Ele é um dos componentes do plástico – e, misturado à seda natural, ajudou a baratear a produção de meias-calças, que se tornaram febre na segunda metade do século 20. Além de mudar a moda, o acetato também mexeu com a mídia: ele é um ingrediente essencial das fitas magnéticas. Como as que são usadas no...

VHS

Criado no Japão em 1976, o videocassete caseiro revolucionou a maneira de ver filmes. Ele levou ao surgimento das locadoras, que pela primeira vez permitiam que você escolhesse qualquer filme (não era mais preciso ficar à mercê da programação da TV e dos cinemas). E foi trabalhando numa locadora que se educou...

Quentin Tarantino

Até os 22 anos, ele foi balconista de uma locadora – onde aproveitou para ver o máximo possível de filmes, principalmente títulos obscuros. Entre seus favoritos estavam os faroestes italianos: *Bastardos Inglórios* contém referências a *Era uma Vez no Oeste*, de Sergio Leone, e termina com uma música desse filme: *Rabbia e Tarantella*.

6

Do x-salada aos X-Men

AUTOR
Fábio Marton

X-Salada

Abreviação criativa (e bizarra) para "cheese-salada", foi o termo criado pelos brasileiros para batizar o cheeseburger – um sanduíche que originalmente vinha acompanhado de salada e foi inventado nos EUA na década de 1920. Os cheeseburgers e os *diners*, restaurantes baratos onde eles eram servidos, foram grandes símbolos da...

Grande Depressão

Detonada pela quebra da bolsa de Nova York, em 1929, a crise econômica destruiu milhares de empresas. Mas também abriu oportunidades para novos negócios. Além dos *diners*, prosperaram editoras que se especializaram em publicar romances baratos, impressos em papel vagabundo. Esses livros eram chamados de...

Pulps

Impressos em papel de polpa de madeira (daí seu nome), amarelado e com os cantos cortados de forma grosseira, os *pulps* traziam histórias de horror, ficção científica, crimes e detetives heroicos. H.P. Lovecraft, hoje considerado um mestre do terror, escrevia nos *pulps* – que também revelaram outro grande talento...

Martin Goodman

Goodman (1908-1992) chegou a ser mendigo, mas em 1931 saiu da lama ao se tornar editor de *pulps*. Em 1939, levou o estilo e os temas deles para um novo meio: os quadrinhos. Ele lançou os personagens Tocha Humana, Príncipe Submarino e Capitão América, e fundou a Marvel Comics, que publica os...

X-Men

Quando o editor Stan Lee apresentou a ideia à Marvel em 1963, queria chamar o grupo de "os Mutantes". Goodman recusou (segundo ele, ninguém sabia o que era um mutante), e aí surgiu o nome X-Men. A série emplacou, e chegou ao Brasil poucos anos depois. Um produto importado que fez sucesso por aqui – como o x-salada.

7

De Milton Nascimento a Capitão Nascimento

AUTOR
Fábio Marton

Milton Nascimento

Nascido no Rio, ele se mudou para Minas ainda criança. E em 1972 lançou, com outros músicos mineiros, o *Clube da Esquina*, que não agradou à crítica, mas virou cult. Nos anos seguintes, Milton se tornou um dos principais cantores do Brasil. Tanto que em 1985 uma música sua, *Coração de Estudante*, virou o hino da...

Redemocratização

Embalado pela voz de Milton, o movimento Diretas Já mobilizou o Brasil em 1984. Mas o País só teria eleições para presidente em 1989. A economia, que durante o regime militar era fechada, foi radicalmente mudada pelo governo Collor e sucessores. E entre os grandes vencedores dessa nova realidade estava o...

Unibanco

O fim da inflação levou muitos bancos à falência. Entre eles o Nacional e o Bandeirantes, que acabaram comprados pelo Unibanco em 1995 e 1999 – transformando-o, na época, no terceiro maior banco do Brasil. A família Moreira Salles, dona do Unibanco, também ficou conhecida por outro motivo: seus projetos culturais, liderados por...

João Moreira Salles

Documentarista e diretor do Instituto Moreira Salles, em 1999 João filmou *Notícias de uma Guerra Particular*, retratando o conflito entre polícia e traficantes no Rio. O título do filme veio de uma declaração dada por um policial que Moreira Salles entrevistou. Era o capitão Rodrigo Pimentel, membro do Bope e criador do...

Capitão Nascimento

Pimentel saiu da polícia e lançou um livro – que deu origem ao filme *Tropa de Elite*. Na época, o longa foi criticado por ser violento. Mas sua continuação, lançada em 2010, suavizou o personagem e só recebeu aplausos. Como Milton Nascimento: que no início não agradou à crítica, mas depois obteve reconhecimento.

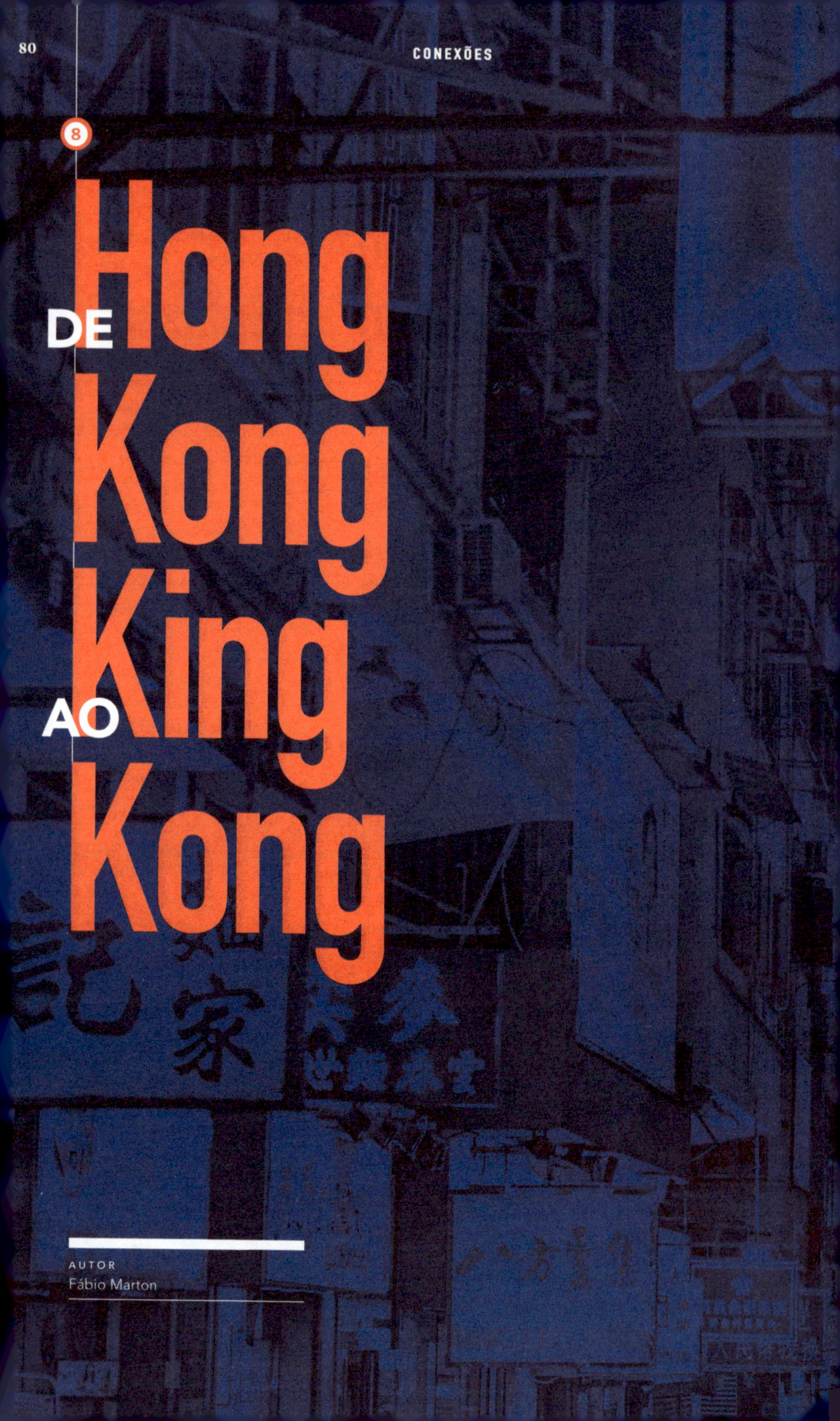

8

De Hong Kong ao King Kong

AUTOR
Fábio Marton

Hong Kong

Situada no extremo sul da China, entre os séculos 16 e 19 a cidade foi um importante centro de comércio com o Ocidente. No século 19, os britânicos decidiram vender ópio aos chineses, o que era proibido pelas leis chinesas. Isso levaria a uma guerra, na qual Hong Kong acabou se tornando colônia britânica. Foi um ato de...

Imperia-lismo

No século 19, a Europa viveu uma febre de imperialismo. Praticamente toda a África e a Ásia perderam sua independência para as potências europeias. Isso inspirou Karl Marx em suas críticas ao capitalismo – que, na opinião dele, não sobreviveria sem o imperialismo. Esse conceito se tornou um dos dogmas da...

União Soviética

A Revolução Russa de 1917 criou o primeiro governo marxista do mundo. Mas ele logo entraria em conflito com uma vítima do imperialismo: a Polônia, que havia sido conquistada por russos e alemães em 1772, declarou guerra aos soviéticos em 1919. Essa guerra atraiu gente que não gostava de comunismo, como...

Merian C. Cooper

O piloto americano era um veterano da 1ª Guerra Mundial que decidiu se juntar aos poloneses. Acabou capturado pelos soviéticos, mas escapou e seguiu a carreira de aviador. A partir de 1925, ele começou uma segunda carreira: diretor de documentários. Em 1933, partiu para um projeto mais ambicioso...

King Kong

O diretor-aviador convenceu os estúdios de Hollywood a filmar a história de um gorila gigante que era levado para Nova York, se revoltava e acabava morto por ataques aéreos (Cooper fez o papel de um dos pilotos). King Kong foi tomado de sua pátria nativa por uma potência ocidental – assim como Hong Kong.

9

Do beagle a Smeagol

AUTORA
Giselle Hirata

Beagle

Cão de origem inglesa, foi desenvolvido para caçar coelhos. Num incidente de outubro de 2013, virou símbolo do debate sobre uso de animais em testes científicos, após 178 cães da raça terem sido soltos por ativistas. O episódio fez barulho graças ao carisma do cão, eternizado pelo personagem...

Snoopy

O beagle mais famoso do mundo surgiu em 1950 nas tirinhas *Peanuts*, do americano Charles M. Schulz. As histórias foram publicadas em mais de 2 mil jornais de 75 países. Schulz desenhava desde pequeno, e não parou nem quando integrou o exército de seu país. Assim como o escritor...

C. S. Lewis

Criador da série *As Crônicas de Nárnia*, o autor britânico foi obrigado a deixar a Universidade de Oxford durante a 1ª Guerra Mundial. Retornou à universidade dois anos depois e se formou em literatura. Lá, conheceu seu melhor amigo, o também escritor...

J. R. R. Tolkien

De origem sul-africana, ele cresceu em Birmingham, na Inglaterra. O clima rural da cidade à época o inspirou a criar o Condado, vila fictícia onde vivem pequenos humanoides, os hobbits. Essas criaturas fazem parte de sua obra-prima, a saga *O Senhor dos Anéis*. Um conhecido ser desse universo é...

Smeagol

Hobbit corrompido pelo incrível poder do "Um Anel", é um personagem importante no desfecho da saga. Sob o domínio de seu alter ego Gollum, ele guia o protagonista Frodo até a região de Mordor a fim de destruir o anel. No caminho, caça coelhos para o jantar, tal qual um fofo beagle.

10

De Dom Quixote a Don Corleone

AUTOR
Rodolfo Viana

Dom Quixote

Pretenso cavaleiro, protagonista de atos de bravura de resultado duvidoso, como lutar com moinhos de vento. Tudo para provar seu amor por Dulcineia del Toboso. Críticos literários dizem que o personagem, ao trocar realidade por fantasia, é um exemplo de...

Niilismo

Uma empreitada intelectual que não dá em nada – como as estripulias do espanhol. Friedrich Nietzsche chamou a moral cristã e valores tradicionais de niilismo. No lugar, ele propunha o homem que buscava superar tudo. A isso, deu o nome Übermensch – em tradução livre...

Super-Homem

O tijolão voador com cueca por cima da calça apareceu pela primeira vez na revista *Action Comics*, em 1938. Desde então, a saga ganhou várias adaptações. A única que ficou na memória é a de lá atrás, de 1978 – cujo roteiro, surpreendentemente, tem coautoria de...

Mario Puzo

Escritor e jornalista, não teve sucesso até seu editor sugerir que ele fizesse um romance sobre a máfia nos EUA. O resultado veio em 1969, *The Godfather*, "o padrinho", traduzido de forma não muito feliz para *O Poderoso Chefão*. A história da família de...

Don Corleone

Vito Corleone, chefe da máfia siciliana em Nova York, morreu plantando tomates, sem nunca ser pego pela polícia. Seu filho Michael ampliaria os negócios – e a franquia no cinema. Décadas depois dos filmes, o crime organizado segue firme e forte. É quixotesco achar que um dia vá acabar.

Do SimCity à *Sin City*

11

AUTORA
Fernanda Viana

SimCity

Simulador de cidades criado por Will Wright, lançado em 1989, que daria origem à série *The Sims*. Uma das inspirações para ele foi o conto *The Seventh Sally*, sobre um tirano deposto que inventa uma sociedade em miniatura para exercer sua opressão. Seu autor é o polonês...

Stanislaw Lem

Morto em 2006, tornou-se um marco da ficção científica ainda no período comunista, vendendo mais de 27 milhões de livros. Sua obra mais conhecida é *Solaris*, que virou filme três vezes. Antes do sucesso, viveu com documentos falsos e trabalhou como mecânico durante a..

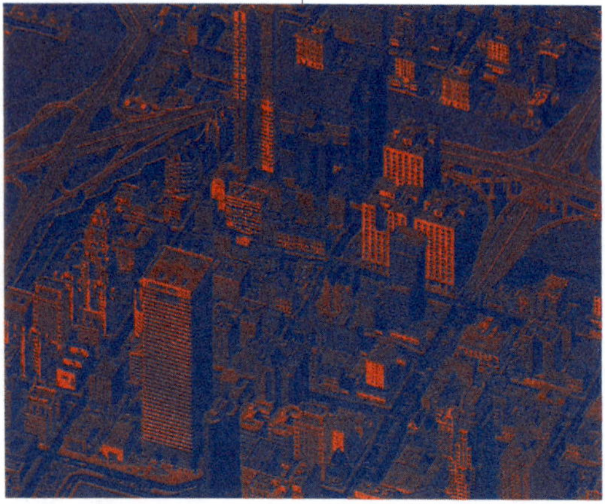

2ª *Guerra*

Não é segredo, o pior conflito da história foi causado pelas loucuras de Adolf Hitler. Mas, além da destruição humana, ele também causou um estrago na cultura do próprio país. Hitler classificou toda a arte modernista como "degenerada" e perseguiu os artistas. Entre eles, os do...

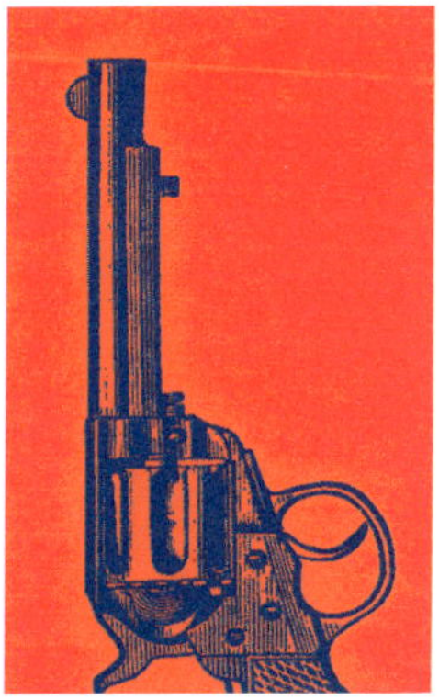

Expressionismo alemão

Movimento criativo que alcançou seu auge na Berlim dos anos 1920, antes do nazismo. No cinema, o estilo expressa subjetividade psicológica e emocional por meio de imagens distorcidas. O impacto seria sentido do outro lado do Atlântico, dando origem ao *film noir*. Referência óbvia de...

Sin City

A série de quadrinhos de Frank Miller narra o dia a dia de Basin City, metrópole tomada por violência, corrupção e sujeitos perversos – uma "cidade do pecado", como no título. Se em SimCity você pode criar a cidade dos sonhos, em Sin City o que há é a cidade dos pesadelos.

12

De Kevin Bacon ao baconzitos

AUTORA
Fernanda Viana

Kevin Bacon

Camaleônico, já interpretou detetive, astronauta, vampiro do futuro, capitão da Marinha e michê. Seu nome está na Calçada da Fama de Hollywood e na lista do jornal *The Guardian* dos melhores atores sem uma estatueta do Oscar. Mas um de seus maiores sucessos **é antigo...**

Footloose

A história de um rapaz que se muda para uma cidadezinha onde são proibidos o rock e a dança. Com esta última, ele contesta os valores conservadores, porque eram os anos 1980 e isso era uma ideia do roteiro. Então decide fazer um baile de formatura e ganha o coração de Ariel, interpretada por Lori Singer. Mas o papel havia sido **pensado para...**

Madonna

Lady Gaga ainda vai ter que comer muito arroz com feijão para superar a artista feminina mais bem-sucedida de todos os tempos. Inclusive em matéria de polêmicas. Em 1989, o clipe de *Like a Prayer* tinha cruzes pegando fogo, irritando religiosos. Meses antes, a canção tinha sido usada em um comercial da...

Pepsi

A grande concorrente da Coca-Cola nasceu em 1893, criada por Caleb Bradham, como Brad's Drink. Em 1965, a empresa se fundiu com a companhia de salgadinhos Frito-Lay, formando a PepsiCo. O grupo é dono da Elma Chips, cujo primeiro salgadinho no Brasil foi o...

Baconzitos

Curiosamente, não vai bacon na receita: é feito com farinha de trigo e extrato de fumaça. Foi lançado nos anos 1970, quando Kevin Bacon estreava no cinema, em *Clube dos Cafajestes*. O personagem de Bacon era chamado pelo mesmo nome que o salgadinho era na época: Chip.

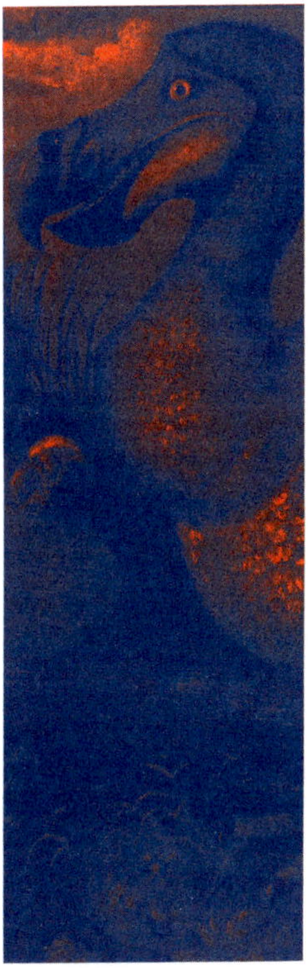

13

Do dodô a Bardot

AUTORA
Giselle Hirata

Dodô

A ave das ilhas Maurício, espécie de pombo gigante, foi extinta no século 17 com a exploração dos europeus no arquipélago. Marinheiros e animais domésticos, como cães e gatos, trazidos nas embarcações, caçaram-na até a última. Hoje, o dodô é um ícone do país, que tem muitos animais que só existem ali. Assim como...

Madagascar

Graças ao isolamento geográfico, essa grande ilha do Índico tem várias espécies endêmicas, como o lêmure. O excêntrico primata já foi personagem de desenhos animados e videogames, mas ficou famoso para valer ao cantar "I like to move it, move it" nos filmes da série de animação *Madagascar*, da...

DreamWorks

O estúdio é conhecido por filmes estrelados por animais, como *A Fuga das Galinhas* e *O Espanta Tubarões*. Outro longa famoso é *Kung Fu Panda*, que se passa na China, de onde o panda, assim como o kung fu, é nativo. O panda é o mascote de uma das maiores ONGs preservacionistas, o...

WWF

O World Wide Fund for Nature se propõe a recuperar áreas ambientais e conservar a diversidade biológica mundial. Com sede na Suíça, foi criado por cientistas preocupados com a devastação da natureza, causa que há décadas atrai artistas engajados, como...

Brigitte Bardot

Sex symbol nas décadas de 1950 e 1960, ficou famosa por filmes como *E Deus Criou a Mulher* e *Um Ato de Amor*. Em 1973, anunciou sua aposentadoria e virou ativista ecológica, ao criar a Fundação Brigitte Bardot, que defende os direitos dos animais e luta para que eles não encontrem o mesmo destino do dodô.

14

De Coco Chanel a Zooey Deschanel

AUTORA
Ana Prado

Coco Chanel

Gabrielle Chanel tentou ser dançarina, atriz de teatro e cantora antes de achar seu destino revolucionando a moda para sempre. Seu apelido vem da música *Who Has Seen Coco?*, que ela cantava quando trabalhava em um cabaré. Uma instituição cujo mais famoso representante é o....

Moulin Rouge

Este símbolo emblemático da noite parisiense tem um moinho vermelho no telhado – de onde vem seu nome. Inspirou muitos filmes, como o musical homônimo estrelado por Nicole Kidman. A atriz foi casada por 11 anos com Tom Cruise, um dos mais famosos adeptos da...

Cientologia

A Igreja – que muitos acusam de ser seita – prega que as pessoas são seres imortais que se esqueceram de sua verdadeira natureza. Foi fundada por L. Ron Hubbard, escritor de ficção científica – seus livros são os "evangelhos". Numa pegada totalmente oposta, a sci-fi também deu fama a...

Douglas Adams

Autor da hilária série *O Guia do Mochileiro das Galáxias*, que começou como um programa de rádio, virou uma saga de romances em cinco partes e foi parar no cinema em 2005, num filme não exatamente memorável. Mas que trouxe uma revelação no elenco, a então desconhecida...

Zooey Deschanel

Musa de filmes descolados, ficou famosa em *(500) Dias Com Ela*, de 2009. Bem antes disso, chegou a fazer apresentações na Califórnia com um número de cabaré no qual tocava ukelelê, espécie de cavaquinho havaiano. Início de carreira não muito diferente do de Coco Chanel.

MÚ

SI-CA

CAP. 4

96

97

99

102

104

105

107

110

112

113

114

116

118

119

120

123

1

De Wesley Snipes a Wesley Safadão

AUTOR
Tiago Jokura

Wesley Snipes
Sua fama não surgiu em títulos de ação, mas ao contracenar com Michael Jackson no clipe de *Bad*. Mas só estouraria como o caçador de vampiros da trilogia *Blade*. Ele é mestre em várias artes marciais, com faixa preta em caratê, hapkido e...

Taekwondo
Surgida em meados dos anos 1940, a arte marcial nacional da Coreia troca, literalmente, os pés pelas mãos. Chutes aéreos e espetaculares estão na frente de coisas mais práticas, como agarrões e socos. Em 1988, a capital Seul abrigou a estreia do esporte, como modalidade de exibição, nas...

Olimpíadas
O taekwondo levaria ainda 12 anos para virar esporte olímpico de vez, em Sidney, em 2000. De então a 2012, a Coreia do Sul faturaria 14 medalhas. Outra criação coreana, importante na história recente dos Jogos, como patrocinadora oficial, é a megacorporação...

Samsung
A sexta maior empresa do mundo é um verdadeiro polvo: além de fabricar TVs, smartphones e lavadoras, produz até tanques de guerra. Seu orçamento de marketing em 2013 bateu um recorde mundial: cerca de US$ 14 bilhões. Isso incluiu investir em atletas e músicos. Desde 2014, patrocina o fenômeno do forró...

Wesley Safadão
Após oito anos na estrada, o nome do cantor superou o da sua banda, Garota Safada. Seu cachê está entre os mais altos do Brasil, ao lado de Ivete Sangalo e os sertanejos Jorge & Mateus. De forma meio indireta, Safadão homenageia o xará Snipes com o hit *Artes Marciais*.

2

De *Lady Laura* a Lady Gaga

AUTOR
Fábio Marton

Lady Laura

Megassucesso de Roberto Carlos, a música é uma homenagem à mãe dele, Laura Braga. Gravada em 1976, marcou uma transição na carreira de Roberto. Ele adotou um estilo romântico e deixou para trás os tempos em que era inspirado por Elvis Presley e Jerry Lee Lewis, e chegou a montar uma banda de rock. Eram os...

Sputniks

A banda, que tinha Roberto Carlos e Tim Maia, tirava seu nome do Sputnik-1, satélite lançado pela URSS em 1957. O Sputnik incomodou os militares americanos e acirrou a Guerra Fria: dois anos depois, os EUA começaram a Guerra do Vietnã. A URSS também decidiu aumentar sua influência geopolítica. E se envolveu na...

Revolução Zanzibar

Em 1963, Zanzibar (atual Tanzânia) deixou de ser parte do Império Britânico e virou uma monarquia islâmica. Mas já no ano seguinte houve uma revolução socialista, apoiada pela URSS. Com tudo isso, os funcionários do governo inglês fugiram do país. Entre eles havia ingleses e também indianos. Como a família de...

Freddie Mercury

Nascido Farrokh Bulsara e criado entre a Índia e a Tanzânia, ele se mudou para a Inglaterra aos 17 anos. Aos 24, montou o Queen, que viria a se tornar uma das maiores bandas de todos os tempos. O *glam rock* (estilo que mistura rock e um estilo glamoroso, bem teatral) do grupo influenciou muitos músicos. Entre eles...

Lady Gaga

A cantora Stefani Germanotta adotou esse nome artístico por dois motivos. Em inglês, *gaga* é uma gíria que significa louco (alusão às roupas da cantora). E também é uma referência a *Radio Ga Ga*, hit clássico do Queen. Lady Gaga hoje se aventura como atriz, mas foi a rainha do pop. Como "o rei" Roberto Carlos.

3

De Ricky Martin a George R. R. Martin

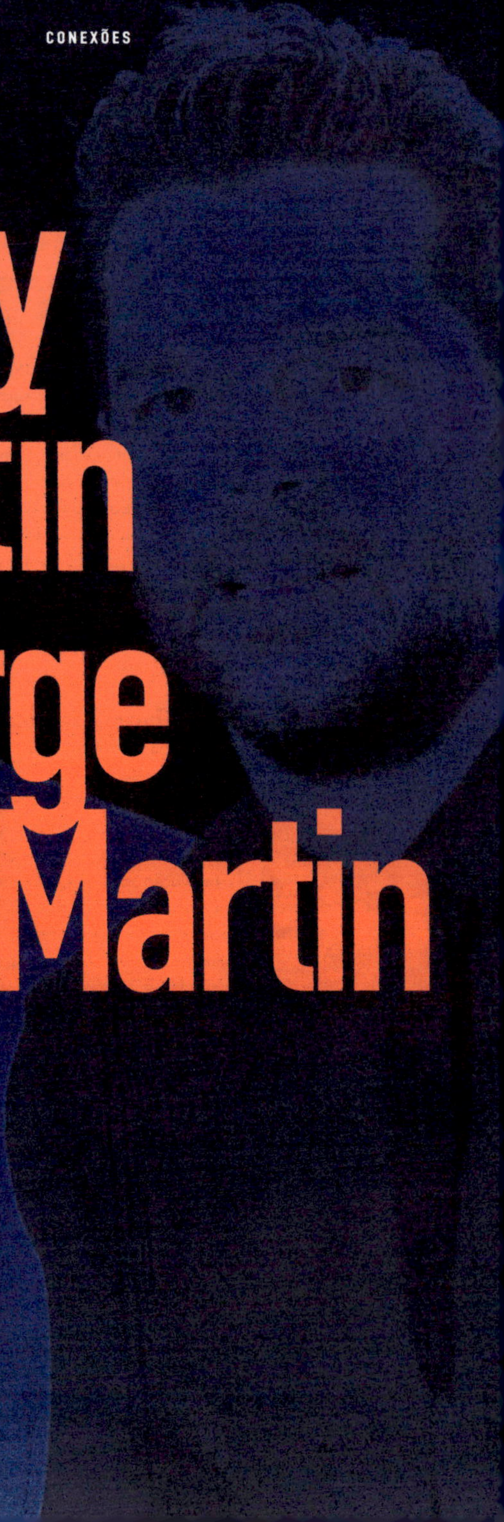

AUTOR
Fábio Marton

Ricky Martin

O cantor começou aos 13, na boy band porto-riquenha Menudo. Saiu em 1989, passou uma década lançando discos em espanhol e fazendo pequenos papéis nas TVs do México e EUA, até a carreira decolar com *Livin' La Vida Loca*, de 1999. Em meio a isso, encontrou outra paixão. A...

Índia

Desde os anos 1990, Ricky visita o país quase todo ano. Ele é fascinado pela espiritualidade oriental. Mas a Índia não contribuiu para a humanidade só em termos de fé. Lá surgiram grandes avanços matemáticos, como o sistema numérico moderno. E os matemáticos de lá também inventaram o...

Xadrez

Reza a lenda que o criador do jogo propôs ser pago pela invenção com um grão de arroz na primeira casa do tabuleiro, dois na segunda, quatro na terceira e assim por diante. Era um truque: nem todo o arroz do mundo daria conta. Mas, séculos depois, muitos seriam pagos para jogar. Como...

Bobby Fischer

Americano prodígio, derrotou um dos maiores jogadores do país com 13 anos. Em 1972, destronou o campeão mundial, o soviético Boris Spassky, e fez o xadrez virar mania nos EUA. Essa febre contagiou, entre tanta gente...

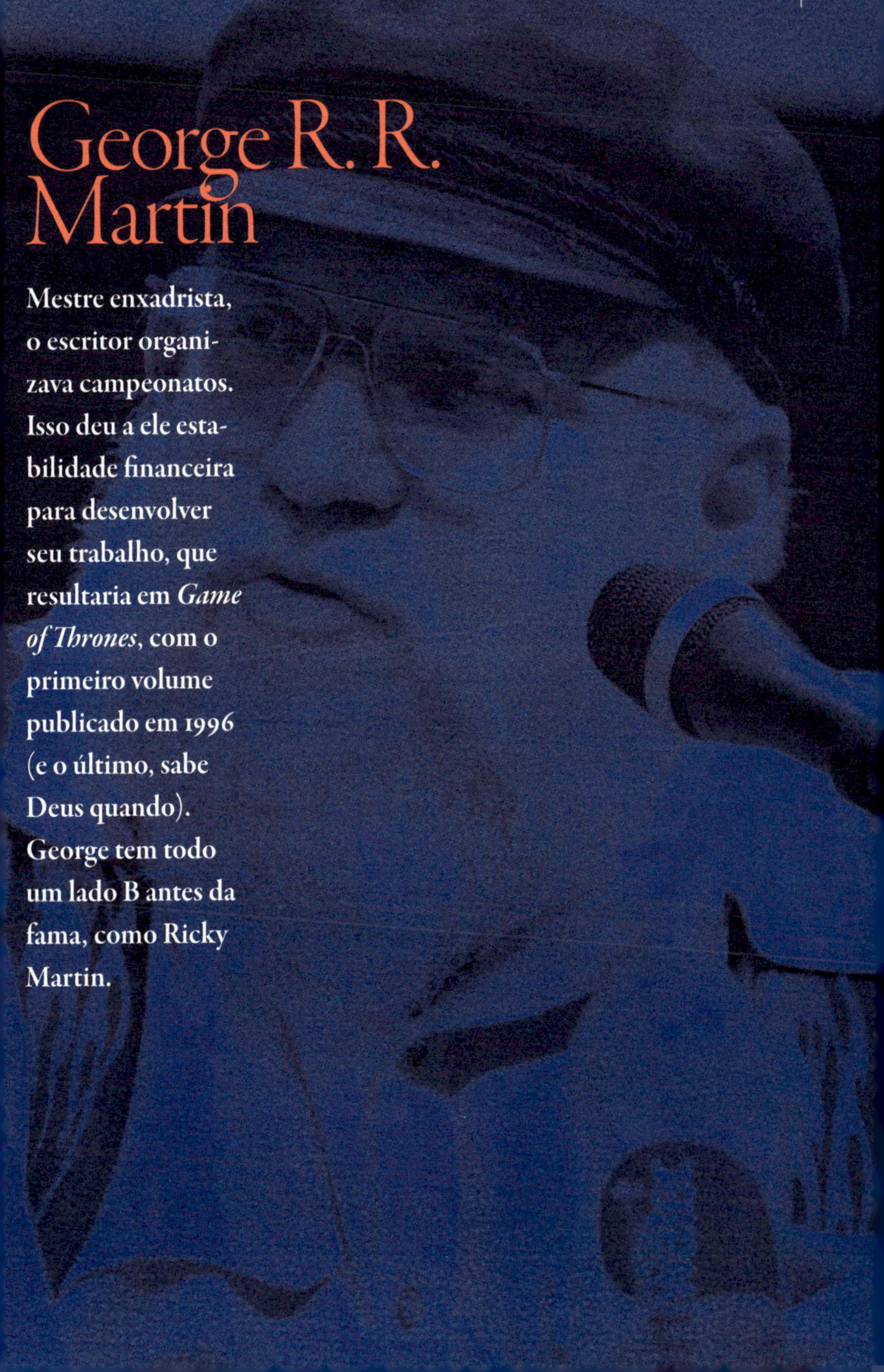

George R. R. Martin

Mestre enxadrista, o escritor organizava campeonatos. Isso deu a ele estabilidade financeira para desenvolver seu trabalho, que resultaria em *Game of Thrones*, com o primeiro volume publicado em 1996 (e o último, sabe Deus quando). George tem todo um lado B antes da fama, como Ricky Martin.

Do M&M a Eminem

4

AUTORA
Ana Prado

M&M

O minichocolatinho virou hit como parte da ração diária dos americanos na 2ª Guerra. Isso por sua praticidade: a cobertura de açúcar é a mesma usada em drágeas de medicamentos, e impede que derretam no calor. Mas sua origem está em outro conflito.

Ele surgiu na...

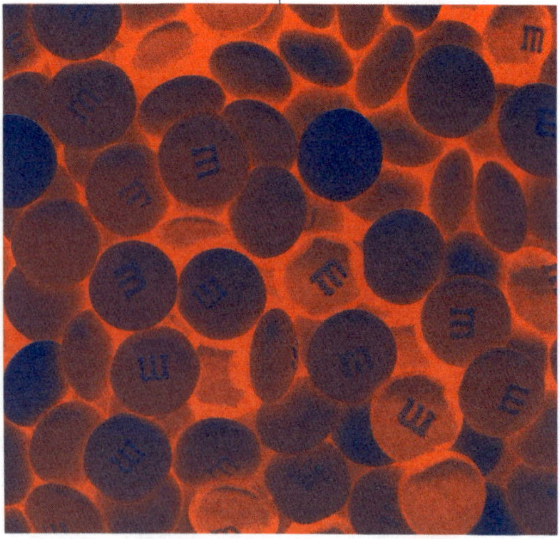

Guerra Civil Espanhola

O país pegou em armas após um golpe militar pelo reacionário general Francisco Franco. Foi a pior guerra do país, mas nem de longe a única. Na Idade Moderna, para impor seu poder colonial, os espanhóis arrasaram povos em todas as suas colônias.

Uma delas foi a...

Jamaica

A ilha foi colonizada pelos espanhóis entre 1494 e 1655, quando passou ao domínio britânico – após uma derrota militar espanhola. Na década de 1960, ruas do país foram palco de bailes realizados com uma novidade: sistemas de som com alto-falantes e toca-discos. Era um precursor do...

Rap

Ritmo que surgiu quando o canto falado dos jamaicanos, que abordava sexo, drogas, violência e política, chegou aos Estados Unidos nos anos 1970 por meio de jovens imigrantes. Um estilo tão marcante e com crescente popularidade não podia ficar restrito aos negros. Acabou adotado por gente como...

Eminem

Marshall Mathers – seu nome artístico é derivado das iniciais "M & M", também como o nome do chocolate é lido em inglês. Mal-encarado, ele obviamente não queria ver seu nome relacionado diretamente ao produto. Não adiantou. Em 2008, o artista Enrique Ramos fez um retrato dele. O material: mil M&Ms.

5

Do inseticida a Emicida

AUTOR
Fábio Marton

Inseticida

Durante séculos, muitos materiais foram usados para eliminar pragas. Mas só no século 20, com a invenção de diversos inseticidas sintéticos, foi possível fabricá-los em quantidades industriais e a preços acessíveis. Isso não só livrou as casas de pulgas e percevejos, como levou à...

Revolução Verde

Máquinas, agrotóxicos, fertilizantes e transgênicos causaram um aumento na produtividade agrícola nunca visto antes. Foi a chamada Revolução Verde. Isso alterou a vida no campo: menos gente precisou trabalhar no arado, o que deu origem ao...

Êxodo Rural

A população do Brasil era 70% rural em 1940. Hoje é 84% urbana. Dentre os fluxos migratórios que causaram essa mudança de cenário, um que se destaca é a migração de nordestinos para São Paulo. Na capital paulista, eles se estabeleceram em regiões como...

Tremembé

Na base da Serra da Cantareira, a população desse distrito triplicou entre 1960 e 1990. Hoje, a maioria da população pertence à classe C, mas a região ainda tem o rótulo de periferia. E foi como uma voz da periferia que um nativo da Vila Zilda, no Tremembé, fez fama com o nome...

Emicida

Leandro Roque de Oliveira é um dos maiores astros do hip-hop brasileiro. Nos últimos anos, é presença constante em programas na TV e festivais de música. O nome vem de sua capacidade de "assassinar" MCs concorrentes em batalhas de rimas. Eficiente como um inseticida.

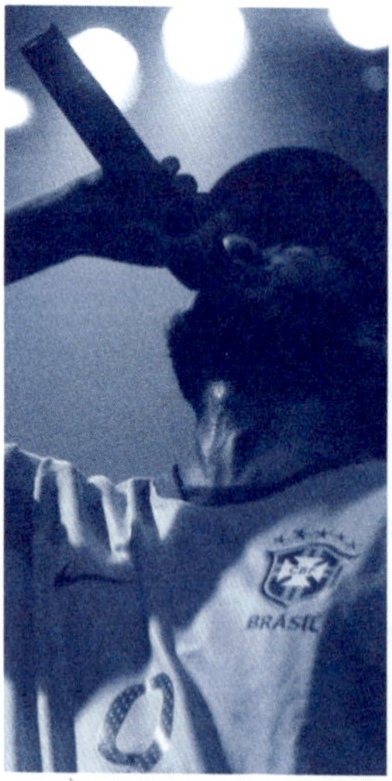

6

Dos maias a Tim Maia

AUTOR
Rodrigo Rezende

Maias

Tenochtitlán, México, 1518. Nas ruas da cidade, o espanhol Hernán Cortés observa com desdém um povo "primitivo", que "desconhece até a roda!". Ele ignorava que, 600 anos antes, florescera por lá uma civilização capaz de deixar a astronomia ocidental no chinelo: os maias. Aí resolveu detonar tudo. Resultado: não sobrou quase nada da cultura maia. Mas, por sorte, um pouco dela caiu nas mãos de...

Richard Feynman

O que você planeja fazer na sua lua de mel? Na certa, não tem nada a ver com o que o físico Richard Feynman (1918-1988) fez: passou dias fritando os neurônios com um código maia, para desgosto da Sra. Feynman. Se você achou isso o cúmulo da nerdice, não conhece Feynman. Acredite se quiser, o homem que revolucionou a física quântica já participou até de...

Escola de samba

"O primeiro Nobel da Escola de Samba de Copacabana." Era o que estava escrito em uma faixa no Aeroporto do Galeão quando o cientista "terror das aeromoças" retornou ao Brasil após a visita que fez na década de 1950. "Isso é perfeito! Quero um drinque agora mesmo!", pensou Feynman, às 15h30, em Copacabana. Caiu no samba, vestido de grego na Avenida Rio Branco, mas não chegou a conhecer uma certa rua da...

Tijuca

Do Leme ao Pontal, não havia nada igual ao que surgiu nessa rua: os Sputniks, grupo formado por Roberto Carlos, Erasmo Carlos e um cara que dizia ser "preto, gordo e cafajeste, formado em cornologia, sofrências e deficiências capilares". Esse cara resolveu fazer o caminho inverso de Feynman e migrar do Brasil para os EUA. O nome dele? Alguns chamam de "síndico", mas a maioria o conhece por...

Tim Maia

"Roberto comprando seu oitavo carro, Erasmo se dando bem, e eu roubando cadeira e 'puxando etapa' nos EUA", disse Tim a respeito do período em que ficou preso nos "esteites". De volta ao Brasil, entrou em uma viagem ainda maior: tornou-se adepto da Cultura Racional, movimento místico que prega o poder da natureza, dos astros e dos seres do além. Adivinhe quem também tinha essas crenças? O povo maia.

O clássico de Tim Maia *Do Leme ao Pontal* ganhou um Conexões só para ele: veja mais na página 123

7

DE Belchior A Björk

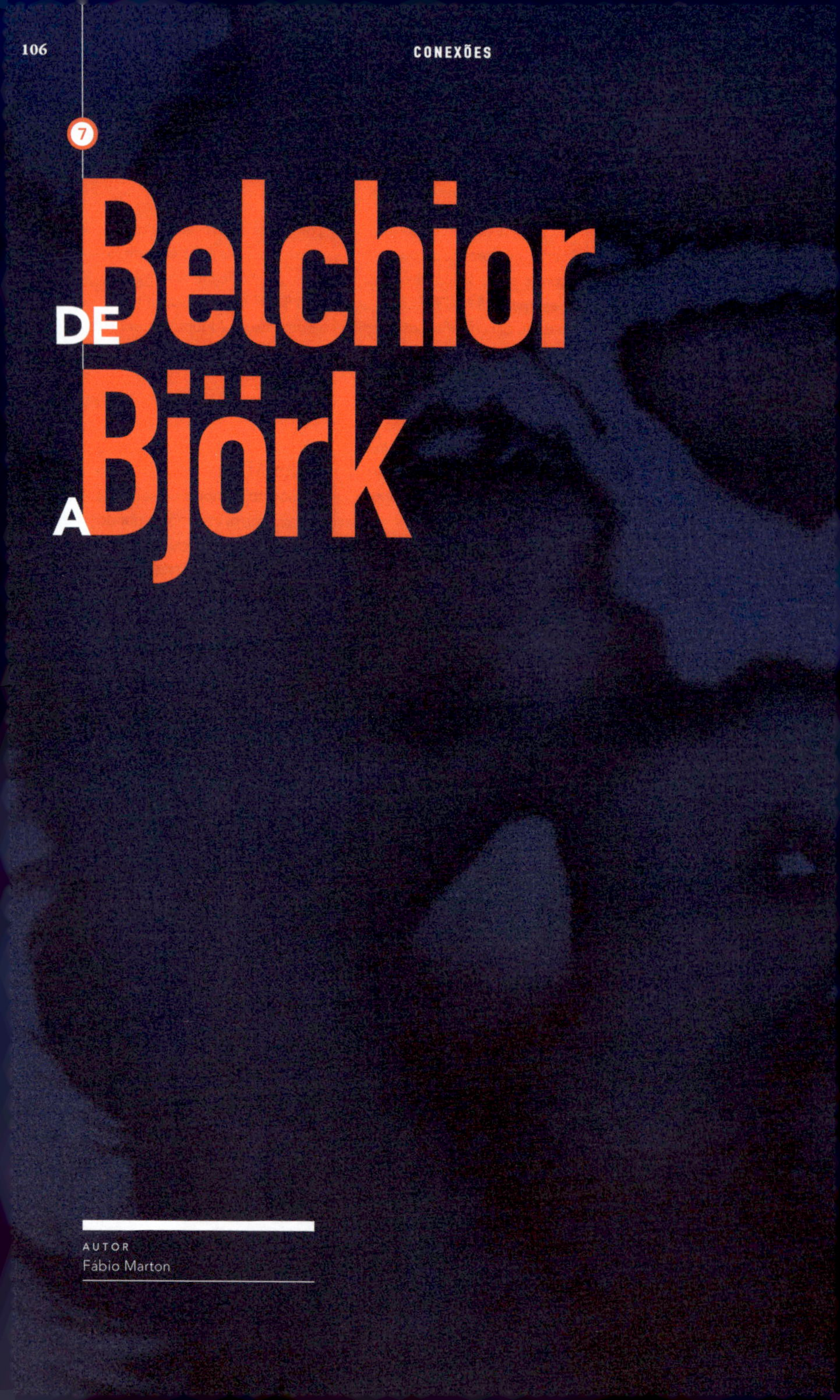

AUTOR
Fábio Marton

Belchior

Antes de se tornar conhecido pelos sumiços (onde ele está agora, aliás?), Belchior foi um cantor e compositor de sucesso na década de 1970. O artista tem pedigree intelectual (estudou filosofia e medicina antes de virar músico), e a cidade onde nasceu, Sobral, no Ceará, também: ela ficou mundialmente famosa por ser o lugar onde se provou a...

Teoria da Relatividade

Em maio de 1919, um grupo de cientistas britânicos foi a Sobral observar um eclipse solar. Eles queriam calcular se, durante o evento, a luz de uma estrela seria desviada – provando as teorias de Einstein. Deu certo. A Relatividade transformou a Física, mas também teve uma consequência funesta. A...

Bomba atômica

A fórmula de conversão de massa e energia de Einstein ($E=mc^2$) demonstrou o poder da fissão nuclear – o princípio teórico da bomba atômica. A bomba foi criada pelos EUA, chegou à União Soviética e abriu uma era de corrida armamentista e apreensão mundial que durou décadas. A paranoia atômica é uma das raízes do...

Movimento punk

Se o mundo pode acabar numa guerra nuclear (e, nos anos 1970 e 1980, muita gente achava que poderia), então não há futuro – e o lance é morrer jovem e anarquizar tudo. Essa é a ideologia punk, que surgiu em Nova York, chegou à Inglaterra e se espalhou para o mundo todo. Inclusive para a Islândia, onde conquistou...

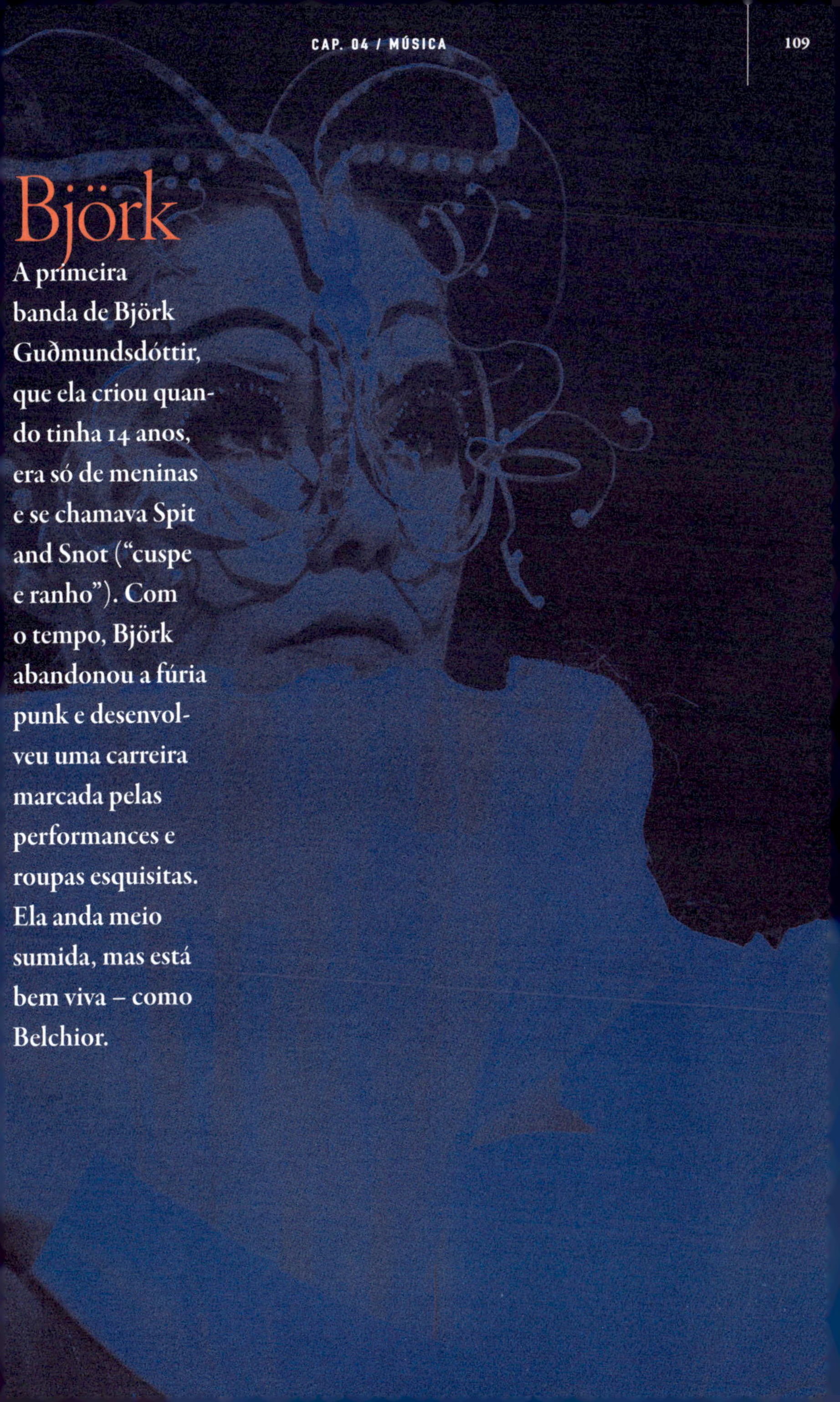

Björk

A primeira banda de Björk Guðmundsdóttir, que ela criou quando tinha 14 anos, era só de meninas e se chamava Spit and Snot ("cuspe e ranho"). Com o tempo, Björk abandonou a fúria punk e desenvolveu uma carreira marcada pelas performances e roupas esquisitas. Ela anda meio sumida, mas está bem viva – como Belchior.

De Roma a Latino

8

AUTOR
Rodrigo Rezende

Roma

Para virar a cidade mais poderosa do mundo na Antiguidade, Roma se especializou em dar porrada, mas o bom governo também ajudava. Uma das chaves para isso era um grupo de 300 cidadãos das principais famílias romanas, que cuidava da legislação e dirigia a política externa. Esse grupo ficou conhecido como o...

Senado

Os senadores eram sempre maiores de 40 anos (a origem da palavra é a mesma de "senil" em português – sabe como é, no século 6 a.C. gente com essa idade era considerada velhinha). Eles reuniam toda a experiência política da elite romana e mantinham o equilíbrio do governo, evitando o domínio de uma só pessoa. Não é à toa que a instituição foi ressuscitada na fundação dos...

EUA

Os revolucionários que criaram o país eram fãs de carteirinha da República romana e queriam que seu Senado tivesse a mesma cara do antigo: uma "tropa de elite" formada por macacos velhos da política. No século 20, um desses senadores, Ted Kennedy, foi um dos responsáveis pela aprovação de uma lei que fez explodir a...

Imigração hispânica

A lei defendida por Kennedy em 1965 acabava com as cotas de nacionalidade na imigração para os EUA (antes, tinha preferência quem era dos países do norte da Europa Ocidental). Resultado: uma enxurrada de recém-chegados legais e ilegais do México, da América Central e do Sul. A maioria falava espanhol, mas entre eles estava um certo...

Latino

Ou Roberto de Souza Rocha, como diz o RG do cantor carioca. Ao viver nos States, ele ganhou o apelido de Latino, que é como os americanos chamam toda e qualquer pessoa nascida ao sul da fronteira deles com o México. Ironia das ironias: é a mesma palavra usada originalmente para designar o povo que fundou Roma e que acabou valendo para os povos que falam línguas derivadas do latim.

9

De Bertrand Russell a Renato Russo

AUTOR
Rodrigo Rezende

Bertrand Russell

"Ele é uma fórmula matemática com pernas", escreveu o filósofo Will Durant sobre o colega Bertrand Russell (1872-1970). Russell, intelectual que só foi ao cinema após ler um tratado filosófico a respeito, era mesmo fanático por contas: "A matemática possui uma beleza extrema". Só que ele não via essa beleza em tudo. Certamente não via em um aluno de Cambridge, que lhe fez uma pergunta bem estranha...

Ludwig Wittgenstein

"O senhor poderia fazer a gentileza de me responder se sou ou não um completo idiota?", perguntou o então pupilo Wittgenstein. Russell respondeu: "Não sei. Por quê?". "É que, caso seja um idiota, me dedicarei à aeronáutica. Caso contrário, serei filósofo." Russell, então, leu uma linha de um trabalho de Ludwig e disse: "Não, você não deve ser aeronauta". E foi assim que um dos maiores gênios da filosofia se sentiu aliviado por ter abandonado....

Manchester

A cidade em que Wittgenstein passara três anos projetando motores combinava com o humor depressivo do alemão: cinzenta e repleta de fábricas. Há quem diga que esse clima sombrio foi responsável por empurrar os jovens locais para pubs, garagens e guitarras. E o resultado foi uma explosão de bandas de rock, como New Order, Joy Division e...

The Smiths

Enquanto as bandas da década de 1980 escolhiam nomes "sofisticados", como Depeche Mode e Classix Nouveaux, o inglês Steven Morrissey resolveu chamar seu grupo de The Smiths – algo como "Os Silvas", ou, literalmente, "Os Artesãos". A banda inovou no jeito de tocar e se vestir. E acabou sendo influência para um brasileiro, que copiou os trejeitos de Morrissey no palco...

Renato Russo

Se o vocalista da banda Legião Urbana se chamava Renato Manfredini, de onde veio o "Russo" do seu nome artístico? Adivinhe só: segundo o artista, foi uma homenagem a Bertrand Russell. E a música *Teorema*, do Legião, parece feita para ele. "Parece um teorema sem ter demonstração / E parece que sempre termina / Mas não tem fim." Afinal, o inglês passou a vida tentando escrever o livro definitivo da matemática. Mas não conseguiu.

10

Do gangsta a Gangnam

AUTOR
Fábio Marton

Gangsta

Gangsta é uma corruptela de gângster, termo que designa um estilo de rap no qual o cantor faz pose de bandidão – independentemente de ele realmente ter ou não um passado criminoso. O gangsta rap surgiu nos anos 1980 a partir do hardcore rap, o rap raivoso que havia surgido poucos anos antes, durante a...

Recessão dos anos 1980

Entre 1979 e 1981, os EUA viveram um período de estagflação – economia parada e inflação subindo. Isso deixou revoltada não só a juventude da periferia, como também o eleitorado em geral. Por conta da economia ruim, o democrata Jimmy Carter perdeu a reeleição em favor do conservador...

Ronald Reagan

Reagan era um reles ator de faroestes, e acabou detestado pela esquerda. Mas, durante seu governo, a recessão teve um fim e o Muro de Berlim caiu – e ele ganhou popularidade com isso. Sua fórmula para o sucesso foi um conjunto de políticas econômicas que estudiosos batizaram de *Reaganomics*. E que no resto do mundo se chamava...

Neoliberalismo

O termo vem do liberalismo econômico, o livre-mercado de Adam Smith resgatado por economistas como Ludwig von Mises. Consiste em privatizações e diminuição de regulamentações, burocracias e impostos. Foi o modelo adotado pelos Tigres Asiáticos. E um de seus maiores símbolos está em Seul, no distrito de...

Gangnam

Gangnam é a parte mais rica de Seul, que por sua vez é a capital do tigre asiático mais rico, a Coreia do Sul. Essa região foi imortalizada pelo cantor coreano PSY na música *Gangnam Style*. A letra fala sobre uma mulher estilosa, de Gangnam, que PSY quer conquistar. É bem leve e fútil. Exatamente o contrário do gangsta rap.

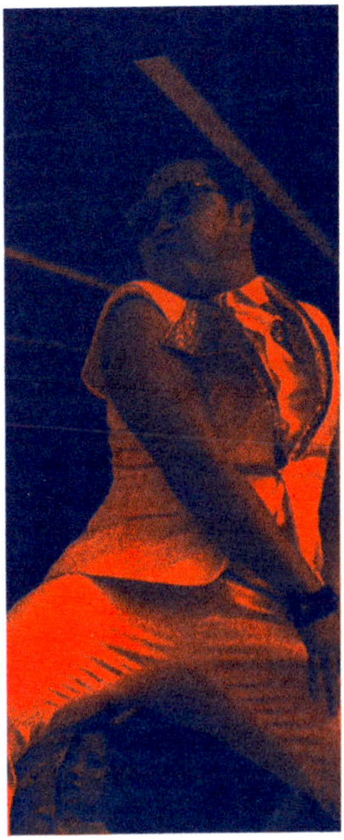

Da ema ao emo

11

AUTOR
Fábio Marton

Ema

Ela vive entre o nordeste brasileiro e a Patagônia e é uma ave ratita, ou seja, não é capaz de voar. Junto ao nandu-de-darwin, pássaro que vive mais a Oeste no continente, a ema forma o gênero Rhea – nome que foi dado pelo naturalista alemão Paul Möhring (1710-1792), numa homenagem a...

Reia

Na mitologia grega, Reia é casada com o titã Cronos – que tinha o hábito de devorar os filhos assim que nasciam. Mas Reia o enganou, e um dos descendentes sobreviveu: Zeus. Isso marca o fim da era dos titãs, e o começo da era dos deuses e do paganismo. Uma ideia que inspiraria, milênios depois, o compositor...

Ígor Stravinski

Ele é um dos inventores da música clássica contemporânea, reconhecido por obras como o balé *A Sagração da Primavera*, de 1913 – que tem temática paganista (conta a história de uma virgem que morre num ritual pagão). O balé foi vaiado e causou tumulto na estreia. Mas, 71 anos depois, deu nome à banda....

Rites of Spring

Formado por Guy Picciotto e Brendan Canty, o grupo (que usa o nome em inglês do balé de Stravinski) durou de 1984 a 1986. Numa época em que o punk era sinônimo de violência, o Rites se destacou pelas letras poéticas, com temas existenciais – num estilo batizado de emocore (mistura de emocional e hardcore). É o famigerado...

Emo

O emo sobreviveu no underground até que bandas como My Chemical Romance e Panic At The Disco estouraram com suas letras angustiadas, em que o protagonista frequentemente sofre por alguma mulher. Exatamente como nos grupos de emas – os machos são abandonados pelas fêmeas e chocam os ovos sozinhos.

Do metal pesado ao heavy metal

12

AUTOR
Fábio Marton

Metal pesado

Esse termo se refere aos metais de número atômico (isto é, peso) mais alto, como ferro, cobre, chumbo, mercúrio e urânio, em contraste com os chamados metais leves (como magnésio, sódio e alumínio). Alguns metais pesados são tóxicos. É o caso do chumbo, que por ignorância antigamente era adicionado ao...

Vinho

Os romanos ferviam suco de uva em panelas de chumbo e disso obtinham um líquido extremamente doce – que era usado como adoçante e conservante. Chamada de *defrutum*, essa mistura continha acetato de chumbo, um composto bastante venenoso. Uma de suas vítimas foi ninguém menos que...

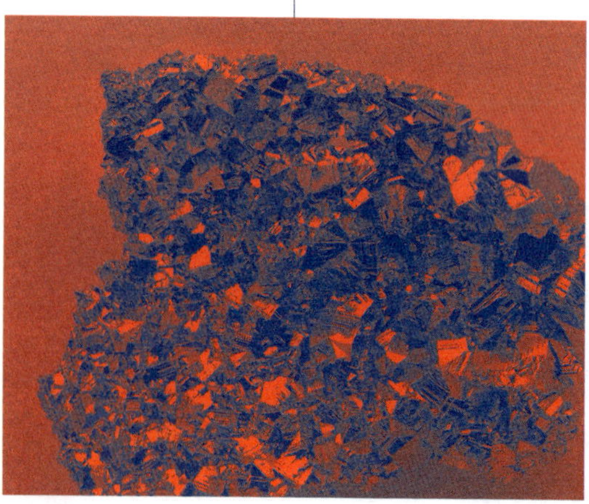

Beethoven

O compositor alemão (1770-1827) adorava vinho, que em sua época ainda era adoçado (ilegalmente) com acetato de chumbo. Uma análise dos ossos e cabelos de Beethoven realizada em 2005 aponta que ele foi envenenado por essa substância. Ele ficou surdo e doente, mas continuou a compor e foi figura fundadora do...

Romantismo

Nas artes do século 19, o romantismo surgiu como negação do Iluminismo, do capitalismo e da industrialização. Celebrava a Idade Média, o ocultismo e um modelo de herói solitário, impulsivo e irracional. Todos esses valores acabaram sendo retomados pela contracultura do século 20. Mais notavelmente no...

Heavy metal

Surgido no final dos anos 1960 com as bandas Deep Purple, Led Zeppelin e Black Sabbath, o metal clássico junta sonoridade forte e letras que frequentemente falam sobre temas medievais e de ocultismo. A origem exata do termo é debatida. Mas o nome Led Zeppelin quer dizer "zepelim de chumbo" – um metal pesado.

13

Da tecnocracia ao tecnobrega

AUTOR
Fábio Marton

Tecnocracia

É um ideal que prega o seguinte: os cargos públicos devem ser ocupados por técnicos, isto é, pessoas que possuam formação profissional na área em que irão trabalhar – e não por gente escolhida via indicação política. A ideologia tecnocrata está presente tanto em democracias quanto em ditaduras. Entre elas, a...

Ditadura Militar

Além do temor do comunismo, a outra justificativa que os militares apresentaram para o golpe de 1964 foi a ineficiência e a corrupção do Estado. Contra isso, a ditadura se dizia tecnocrata, e nomeava técnicos para os ministérios. Mas eles promoviam as reformas que os generais achavam boas. Como a...

Zona Franca

Os generais tinham certa obsessão em povoar as regiões menos densas do Brasil – como a Amazônia, que eles queriam "integrar para não entregar". A Zona Franca de Manaus é uma área em que as indústrias pagam menos imposto. Isso levou à instalação de mais de 500 empresas na região. Principalmente no setor de...

Eletrônicos

Os produtos da Zona Franca dominaram o mercado nos anos 1980, quando era caro demais importar a maioria das coisas. A indústria nacional produzia todos os tipos de eletrônico, entre eles teclados, guitarras e sintetizadores. Esses instrumentos foram incorporados à música brega, dando origem ao...

Tecnobrega

Por volta de 1995, os paraenses aceleraram a música brega tradicional, que rebatizaram como brega pop. Com o uso cada vez maior de sintetizadores, o nome do estilo mudou novamente, para tecnobrega, nos anos 2000, e estourou de vez com a banda Calypso – que levou a tecnobreguice a todos os cantos do País.

14

Do pique-nique ao beatnik

AUTOR
Rodrigo Rezende

Piquenique

"Traga a própria bebida." Pode parecer estranho, mas era exatamente essa a ideia por trás dos primeiros piqueniques, que aconteceram no século 16. A expressão francesa *piqueniquer* (algo como "fazer coisinhas") inspirou, no século 19, a Sociedade Inglesa do Picnic. A instituição deu um ar chique ao antigo hábito beberrão, que atravessou o Oceano Atlântico e alcançou os...

EUA

Naquela época, o território dos EUA estava repleto de escravos negros. E os colonizadores ingleses tentavam impor a eles hábitos culturais alienígenas, inclusive o pique-nique. Mas houve lugares nos quais os negros resistiram e mantiveram as tradições africanas. Um deles foi palco de uma grande síntese cultural...

Nova Orleans

Em meio a 38 quarteirões lotados de casas de prostituição, bares e clubes de música – o bairro de Storyville, fundado em 1897 –, a cultura dos escravos revolucionou a história. Mas não por acaso. Nova Orleans foi colonizada por católicos franceses e espanhóis, que acolheram bem as tradições negras. Por isso que a cidade foi o berço perfeito para o...

Jazz

Diz a lenda que a palavra jazz vem de "jasm", uma redução de *orgasm* (orgasmo, em inglês). Há quem diga que faz todo o sentido, pois o jazz seria uma espécie de orgasmo da alma, uma fusão musical do blues com o ragtime (ritmo que lembra marchas), que mistura referências tanto de brancos quanto de negros. Não é de admirar que esse ideal de liberdade tenha influenciado o movimento...

Beatnik

Os integrantes do movimento social que chacoalhou o mundo das artes na década de 1950 se empolgaram com o improviso livre do jazz. Música, sexo, drogas, misticismo e muito álcool animavam a vida dos beats. Eles adoravam fazer reuniões em que cada um levava a sua bebida – o que era praticamente um piquenique alcoólico. Ou à moda antiga, como preferir.

Do rastapé ao rastafári

15

AUTOR
Fábio Marton

Rastapé

O termo significa "arrastar os pés", ou seja, dançar em compasso 4 por 4, dois passos para lá e dois para cá. É um passo típico de danças brasileiras, como o forró e o fandango. Mas a invenção não é nacional: o rastapé surgiu na Europa Central, com a polca, ritmo criado no século 19 na Boêmia – que era parte do...

Império Austríaco

Após se unificar à Hungria, em 1867, o império virou uma das maiores potências europeias. Mas em 1914 o herdeiro de seu trono, Arquiduque Ferdinando, foi assassinado. Isso provocou uma série de conflitos armados que descambou na 1ª Guerra Mundial – conflito que levaria à ascensão do...

Fascismo

Benito Mussolini era um jornalista que apoiou a guerra contra a Áustria-Hungria e a Alemanha, e por isso foi expulso do Partido Socialista Italiano. Aí, decidiu criar sua própria ideologia: o fascismo, que pretendia transcender a luta de classes. Mussolini chegou ao poder em 1922. Em 1936, resolveu invadir a...

Etiópia

Único país africano livre, a Etiópia já havia derrotado a Itália na primeira tentativa de conquista, em 1896. Isso transformou os etíopes, e sua monarquia, em símbolo de resistência. O imperador Haile Selassie enfrentou Mussolini e recuperou o controle do país em 1942. Selassie também era conhecido como...

Rastafári

Os jamaicanos criaram um movimento político-religioso, segundo o qual a Bíblia se passa na Etiópia e Haile Selassie, chamado Ras Tafari antes da coroação, era Jesus encarnado. Mais tarde, esse movimento inspiraria um ritmo musical, o reggae – que fez e faz muita gente arrastar os pés pelo mundo.

16

Do Leme ao Pontal

AUTOR
Fábio Marton

Leme

Quando um barco a vela pega vento cruzado, tende a sair do rumo. Os primeiros navios usavam remos para corrigir a rota, mas isso não era muito eficiente. Por volta de 2500 a.C., os egípcios resolveram tudo com uma invenção genial: o leme. Ele revolucionou a navegação e mudou a história de alguns povos. Como os...

Fenícios

Eles desenvolveram enormemente a tecnologia marítima e com isso dominaram o comércio na região do Mediterrâneo até o ano 539 a.C. – quando a capital fenícia, Biblos, foi conquistada pelos persas. Mas a maior contribuição dos fenícios não foi para a engenharia naval ou o comércio. Foi a invenção do...

Alfabeto

A escrita já existia antes dos fenícios, mas era feita com pictogramas, figuras que representam as palavras. Foram os fenícios que tiveram a ideia de representar os fonemas com sinais abstratos – que depois dariam origem aos alfabetos grego, latino, hebraico e árabe. As letras fenícias também acabaram indo parar na...

Pedra da Gávea

Ela tem inscrições em alfabeto fenício, descobertas na época de D. Pedro 1º. São falsas, obra de algum engraçadinho. Mas a história deu fama à região e impulsionou um megaprojeto lá: a Floresta da Tijuca, que foi plantada durante o reinado de D. Pedro 2º e abriu caminho para a habitação da orla sudoeste do Rio – que vai do Leme ao...

Pontal

A praia do Pontal, no bairro do Recreio dos Bandeirantes, foi tomada pela explosão imobiliária que marcou o Rio a partir de 1970 e fez a cidade ter o metro quadrado mais caro do Brasil. Tim Maia, que morava na Tijuca, "demarcou" os limites da região na música *Do Leme ao Pontal*. E disse que não há nada igual.

CAP. 5

De Sid Vicious a Cid Moreira

1

AUTOR
Fábio Marton

Sid Vicious

O baixista do Sex Pistols tocava muito mal, e era mais famoso por suas aventuras com drogas. As estripulias de Sid acabaram levando ao fim da banda, em 1978. Mas o produtor dos Sex Pistols, Malcolm McLaren, tinha uma última carta na manga para faturar: lançar um disco do grupo com...

Ronald Biggs

Ele participa de duas faixas do álbum *The Great Rock'n'Roll Swindle*, lançado em 1979. Biggs vivia escondido no Brasil desde 1970, foragido da Justiça inglesa, que queria prendê-lo por ter assaltado um trem. Ele não foi extraditado porque tinha um filho brasileiro, Michael. Que acabaria virando celebridade com o...

Balão Mágico

Ao contrário do pai, que não deu certo como músico, Mike Biggs estourou – e vendeu mais de 10 milhões de discos com a Turma do Balão Mágico, junto a Simony, Jairzinho, Tob e a única celebridade duradoura, Fofão. O grupo fez tanto sucesso que ganhou um programa na TV Globo. Ele era dirigido por...

Rose Nogueira

Com uma longa história de militância, Rose foi companheira de cela de Dilma Rousseff na época da ditadura. Acabou indo parar na Globo, onde, além do *Balão Mágico*, trabalhou no *TV Mulher* e no *Jornal Nacional* – que, naquele tempo, era apresentado pelo radialista...

Cid Moreira

Cid começou no rádio, mas fez fama na TV, onde apresentou o *Jornal Nacional* por nada menos que 27 anos (1969-1996). Depois de deixar o programa, ficou famoso pelas participações em discos gospel. Mas só declamando texto. Como Sid Vicious, Cid Moreira não sabe tocar.

2

De Bob Dylan a Bob Esponja

AUTOR
Fábio Marton

Bob Dylan

Considerado por seus fãs o maior músico de todos os tempos, Dylan é o rei do papo-cabeça musical. Sua fase clássica é o começo dos anos 1960, quando fazia música folk de protesto. Em 1965, Dylan enfrentou uma controvérsia bizarra. Foi hostilizado pelo público e pela crítica por seu álbum *Bring It All Back Home*. Tudo porque ele tinha...

Guitarras elétricas

A guitarra e o rock'n'roll eram vistos como coisas de alienado pelos críticos e fãs da *folk music* politizada que Dylan fazia. Só os Beatles, a partir do álbum *Rubber Soul* (1965), é que conseguiram convencer o mundo de que o rock podia ser uma forma de arte séria. Tão séria, aliás, que levou a uma rixa inusitada. Com os...

Beach Boys

Os Beach Boys eram uma despretensiosa banda de *surf music*. Mas o líder, Brian Wilson, se sentiu desafiado pelo reconhecimento dos Beatles e, em 1966, mudou o estilo da banda no pretensioso álbum *Pet Sounds*. Wilson teve uma crise nervosa e perdeu espaço no grupo – que viria a ser influência para gente como...

Tom Kenny

No início dos anos 1980, Kenny era vocalista da banda The Tearjerkers, que imitava descaradamente os Beach Boys – e foi um fracasso. Tanto que ele decidiu mudar de ramo, virando ator, comediante e dublador. Mas só pegava papéis menores. Até ir para a Nickelodeon, onde tirou a sorte grande e se tornou a voz de...

Bob Esponja

O desenho foi criado pelo biólogo marinho Stephen Hillenburg, que havia se tornado animador no começo dos anos 1990. Para dar personalidade ao atrapalhado Bob Esponja, Kenny criou uma voz bem característica, aguda e meio fanhosa – que guarda certa semelhança, méritos artísticos à parte, com a de Bob... Dylan.

3

De Goethe a Gretchen

AUTOR
Fábio Marton

Goethe
Fundador do romantismo alemão, Wolfgang von Goethe (1749-1832) também fez contribuições importantes para a física e a filosofia. Um gênio absoluto, que se tornou uma das figuras mais veneradas na Alemanha, Goethe nasceu numa cidade importante, que foi capital do país por um tempo. Trata-se de...

Weimar
Depois da derrota na 1ª Guerra Mundial, os alemães adotaram uma forma mais aberta de governo. Nascia a chamada República de Weimar, parlamentarista e democrática. Mas, abalada pela crise econômica e a retórica populista dos nazistas, ela durou pouco. Quando caiu, em 1933, criou uma onda de...

Refugiados
Com a ascensão dos nazistas e a promessa de anexação da Áustria, grandes figuras intelectuais fugiram de ambos os países. Eram judeus como Sigmund Freud, Ludwig Wittgenstein, Albert Einstein e o escritor Stefan Zweig, que veio parar no Brasil. Isso inspirou um filme de 1976, do catarinense descendente de alemães...

Sylvio Back
O filme dirigido por Sylvio mostra uma família de refugiados que se estabelece no Brasil e compra um hotel. Eles têm alguma dificuldade de adaptação, mas o que torna sua situação particularmente cabeluda é que o hotel se torna um local de encontro de simpatizantes tupiniquins do nazismo. O nome do filme? *Aleluia,...*

Gretchen
Pois é. A dançarina, autora dos inesquecíveis *Melô do Piripiri* e *Conga, Conga, Conga* lançou-se em 1978 com um nome artístico inspirado num filme sério. Gretchen é o apelido em alemão de Margareta – um dos personagens principais do épico *Fausto*, de Goethe. Nada mal para a inventora da *bunda music*.

4

De Fausto a Faustão

AUTOR
Fábio Marton

Dr. Fausto

Dr. Fausto (*Faust*) é uma lenda medieval que fala sobre um médico obcecado por ciência que rejeita o conhecimento divino e por isso faz um pacto com o Diabo para obter sabedoria e prazeres terrenos. Essa história popular teve inúmeras adaptações literárias. A mais famosa delas, escrita no século 19 pelo alemão...

Wolfgang von Goethe

Além de ser um grande poeta e escritor, Goethe também atacou de cientista no final da vida. Seu trabalho mais famoso foi sobre ótica: *Teoria das Cores*. Ela continha erros técnicos, e por isso não foi aceita pelos cientistas. Mas foi muito influente entre artistas, principalmente por sua explicação das...

Cores complementares

Goethe agrupou as cores em pares de tons opostos (como verde e vermelho). Esse princípio levou à invenção do negativo colorido, que resultou no cinema em cores. Com a cor, os filmes ganharam temas mais realistas, tendência que explodiu nos anos 1960 com o movimento New Hollywood – que gerou um sucesso chamado...

Midnight Cowboy

Estrelado por Dustin Hoffman e Jon Voight, mostra dois sujeitos marginalizados e sem rumo em Nova York. *Perdidos na Noite* foi seu título em português. É um filme polêmico, com cenas fortes. Mas, apesar disso – ou talvez por isso mesmo –, seu nome batizou um programa de auditório, no qual estourou o comediante...

Fausto Silva

Ele já era jornalista desde os anos 1970. Mas foi só em 1984, com *Perdidos*, que virou celebridade nacional. O programa começou na TV Gazeta, passou por Record e Bandeirantes e, em 1989, chegou à Globo – onde perdeu toda a ousadia. Ao contrário do *Fausto* de Goethe, Faustão fez um pacto para ficar mais certinho.

5

Do telecatch ao telemarketing

AUTOR
Fábio Marton

Telecatch

A luta livre brasileira, com astros como Ted Boy Marino, surgiu em 1967 no programa *Telecatch*, criado depois que a TV Excelsior teve problemas ao transmitir uma luta de verdade (um lutador quebrou o braço do outro). A solução foi montar os combates encenados. Tudo porque ainda não se usava o...

Videoteipe

Até os anos 1970, a TV brasileira transmitia quase tudo ao vivo, inclusive novelas. O videoteipe existia desde 1956, mas era caro e não permitia edição – para achar uma informação, era preciso rodar a fita inteira. Isso era um grande problema para os computadores da época, que também usavam fita. E só seria resolvido com o...

Disco rígido

Os discos rígidos (HDs) permitem acessar diretamente qualquer uma das informações gravadas. Eles começaram a se popularizar em 1973, quando a IBM lançou o HD modelo 3340 (também conhecido como Winchester). Tinha 70 MB, nada hoje, mas muito para a época. E gerou uma revolução nas empresas, que começaram a montar seus...

Bancos de dados

As empresas perceberam que, trocando os arquivos de papel por digitais, era possível obter rapidamente informações preciosas – como saber onde moravam os clientes que gastavam mais. Isso deixou os negócios mais eficientes. Mas também permitiu que elas negociassem os dados entre si. Daí veio a explosão do...

Telemarketing

As empresas de telemarketing pagam para obter o seu nome e telefone – e ligam para oferecer produtos e serviços que muitas vezes não interessam a você. Por isso, os atendentes têm roteiros que dizem exatamente como responder a cada frase do cliente. Tudo estudado e coreografado de antemão. Como uma luta de telecatch.

6

Do pernilongo ao Pernalonga

AUTOR
Fábio Marton

Pernilongo

Pernilongo, ou mosquito, é o nome genérico dado a vários insetos da família *Culicidae*. Só as fêmeas picam, e apenas quando estão em época de reprodução. Mas suas picadas são suficientes para espalhar doenças e gerar epidemias. Como as que, no século 19, castigaram a...

Sicília

A malária já foi tão forte por lá que o DNA dos sicilianos se modificou: eles têm altos índices de talassemia, doença genética cujo efeito colateral (bom) é proteger contra a malária. Cem mil sicilianos emigraram para os EUA. Alguns viraram mafiosos. Mas a maioria se deu bem honestamente, como...

Frank Capra

Nascido em 1897 na minúscula vila de Bisacquino, Francesco Rosario Capra rebatizou-se como Frank Russel Capra para trabalhar como diretor em Hollywood. Capra tornou-se autor de clássicos como *A Mulher Faz o Homem* (1939) e *A Felicidade Não Se Compra* (1946). Mas seu grande filme seria...

Aconteceu naquela Noite

É uma comédia romântica que em 1934 ganhou os cinco principais Oscars (melhor filme, diretor, ator, atriz e roteiro). Clark Gable faz o papel de um jornalista. Numa cena célebre, ele aparece falando de boca cheia, mastigando uma cenoura e recostado numa parede. Foi a inspiração para...

Pernalonga

Criado pelo americano Tex Avery em 1940, o personagem copiava o estilo de Clark Gable: calmo, confiante e um pouco debochado. Pernalonga se tornou tão popular que, na 2ª Guerra Mundial, sua imagem era pintada nos aviões aliados. Entre eles havia um com nome de inseto: o De Havilland Mosquito.

Da arruda a Geisy Arruda

7

AUTORA
Giselle Hirata

Arruda

Planta com aplicação na medicina popular, gastronomia e até simpatias contra o mau-olhado. Por volta de 1600, virou a "erva sagrada dos domingos": misturada ao vinho, era servida em sessões de exorcismo. Isso está em uma cena de uma famosa tragédia de Shakespeare...

Hamlet

A peça mais longa do Bardo conta a história do príncipe dinamarquês Hamlet, que tenta vingar o pai, morto por seu tio, Cláudio. A obra é uma das mais densas de Shakespeare em seus dilemas éticos e morais. Por isso, ganhou várias versões. No Brasil, o sofrido personagem do "ser ou não ser" já foi interpretado por...

Wagner Moura

Encarnando o Capitão Nascimento e Pablo Escobar, é dos atores brasileiros mais visíveis no exterior. Em 2013, atuou na sci-fi *Elysium* ao lado de Matt Damon e Jodie Foster. Além de estrelar filmes e peças, o ator faz novelas e participa de curtas-metragens, como o sucesso do YouTube...

Ópera do Mallandro

Lançada em 2008, é uma paródia da *Ópera do Malandro*, de Chico Buarque. Na versão clássica, a trama se passa nos anos 1940, no Rio. Já a paródia é uma homenagem ao humorista Sérgio Mallandro. Onipresente nos anos 1980, ele andou sumido até 2010, quando participou de *A Fazenda 3*, assim como...

Geisy Arruda

Estudante alçada à polêmica internacional ao sofrer um sério incidente de *bullying* por causa de um vestido curto. Usou a fama e virou celebridade profissional. Fez plástica, emagreceu, participou de programas de TV e clipes, estampou revistas e lançou uma grife. Arruda afastou o olho gordo – sem precisar de arruda.

8

Do Master Chief ao Master-chef

AUTOR
Tiago Jokura

Master Chief

Protagonista da série de games Halo, que já rendeu mais de US$ 5 bilhões, com dez jogos e produtos licenciados. Quando o game estava sendo desenvolvido, Steve Jobs tentou fazer o jogo ser exclusivo para Mac. Mas quem garantiu os diretos foi a Microsoft, empresa de....

Bill Gates

O bilionário criador do Windows tem interesses além da computação. Em 1994, quis deixar a Microsoft mais descolada e tentou comprar a Sub Pop Records, gravadora responsável por lançar bandas como Mudhoney, Soundgarden e....

Nirvana

A banda grunge que estourou nos anos 1990 implodiu em 1994, quando o vocalista Kurt Cobain se matou. Nirvana é o termo que define o estado transcendente da paz espiritual. É um dos conceitos centrais do budismo – que tem como um de seus representantes mais célebres o...

Dalai Lama

O líder religioso e político do Budismo Tibetano ganhou o Nobel da Paz de 1989 por sua militância pacífica pela autonomia do Tibete. Depois disso, virou figura pop. Pop até demais: em 2011, participou como jurado da terceira temporada da versão australiana de...

MasterChef

Um verdadeiro dinossauro dos *reality shows*: estreou em 1990, na Inglaterra. Hoje tem versões locais em mais de 40 países, incluindo o Brasil. Uma das marcas do show é a difusão de novos pratos, como a sobremesa filipina Halo-Halo.

MasterChef

9

Da Mega-Sena ao Megazord

AUTOR
Rodolfo Viana

Mega-Sena

Criada em 1996, é o jogo de aposta que paga os maiores prêmios no Brasil. O recorde é de R$ 263 milhões, pagos em 2014 a quatro sortudos. A exploração dessa loteria é serviço exclusivo da União, e por isso não entra na lei que proíbe jogos de azar no País. Essa proibição data de 1946, durante o governo de...

Eurico Gaspar Dutra

O governo Dutra (1946-1951) sucedeu ao regime autoritário de Getúlio Vargas, redemocratizando o Brasil. O marechal havia liderado forças brasileiras durante a 2ª Guerra Mundial. Nessa época, medidas foram tomadas contra os "súditos do eixo", como a comunidade de imigrantes do...

Japão

Aqui no País, japoneses foram presos e tiveram sua língua proibida. Do outro lado do mundo, com as bombas de Hiroshima e Nagasaki, o Japão se rendeu e foi ocupado pelos EUA, que impuseram uma série de mudanças políticas e econômicas. Nas décadas seguintes, o país se reergueu e passou a exportar diversos produtos, inclusive culturais, como as séries do tipo...

Super Sentai

Gênero televisivo criado em 1975 que tinha, geralmente, heróis com roupas coloridas e robôs gigantes. Em 1993, a americana Saban adaptou a série *Kyouryuu Sentai Zyuranger* para o público do país. Batizada de *Mighty Morphin Power Rangers*, tratava de heróis que lutavam com a ajuda do...

Megazord

Robô de 41 metros de altura e 570 toneladas formado a partir dos cinco *zords*, representações mecânicas de animais pré-históricos – mastodonte, pterodátilo, tricerátopo, tigre-dentes-de-sabre e tiranossauro. Derrotar o robô gigante nos combates era dificílimo. Mas não tanto quanto ganhar sozinho na Mega-Sena.

144

145

146

148

149

150

152

CAP. 6

153

155

1

De Corinto ao Corinthians

AUTOR
Rodrigo Rezende

Corinto

Era uma cidade de segunda divisão na Grécia Antiga. Corinto possuía um comércio poderoso, mas ficava no chinelo quando comparada à maior potência militar e política do século 5 a.C.: Atenas. Então teve de esperar até a gigante Esparta entrar em guerra com Atenas para lançar a sua própria organização política: a Liga de Corinto. Foi dessa liga que saiu o maior conquistador de todos os tempos...

Alexandre, o Grande

Obsessivo, paranoico e megalomaníaco. O homem que partiu dos rincões do reino da Macedônia para conquistar a Mesopotâmia, o Egito, o Afeganistão e grande parte da Europa realmente era meio maluco. Afinal, quem mais seria capaz de encarar uma manada de elefantes num campo de batalha completamente desconhecido? Os homens de Alexandre não queriam, mas ele resolveu desbravar a...

Índia

Havia nada menos que 5 mil elefantes à espera de quem ousasse entrar no vale do rio Ganges. Lá florescia uma civilização milenar que não sofreu interferência significativa do Ocidente até o meio do século 19. Mas chegou uma hora em que não deu mais para resistir, e os ocidentais começaram a mandar na Índia. Ela se tornou um território governado por uma só nação, a...

Inglaterra

Com o boom econômico da Revolução Industrial, não houve rivais para o Império Britânico. A grana que inundou a nação teve impacto em quase todas as atividades humanas: a tecnologia, a ciência, as artes, a filosofia e até o esporte. Reflexo disso foi o surgimento de um time que goleou o famoso Manchester United por 11 a 3, e saiu pelo mundo ensinando aos outros a arte da bola no pé. Era o...

Corinthians

Calma, segure um pouco o grito de "Timão, eô". Estamos falando do Corinthians Football Club de Londres, time que impressionou o público ao vencer o Palmeiras (então Palestra Itália) por 5 a 0 aqui no Brasil, em 1910. Tanto que inspirou um grupo de operários paulistas a batizar seu próprio time de Corinthians. Mas sabe o que esse nome significa? Coríntios, o povo daquela cidade grega de segunda divisão. Pois é...

2

De Parmênides ao Palmeiras

AUTOR
Fábio Marton

Parmênides

Nascido na colônia grega de Elea, na Itália, o místico, poeta e filósofo serviu de influência para Platão, que o chamava de "nosso pai", isto é, o pai da filosofia. Entre outras coisas, Parmênides afirmava que o vácuo é impossível – o que levou os pensadores da Grécia Antiga a uma grande discussão sobre o assunto. E isso deu origem à...

Teoria Atômica

Demócrito (460-370 a.C.) propôs que a matéria é composta por átomos, partículas indivisíveis. A teoria acabou engavetada, até Antoine Lavoisier (1743-1794) deduzir que o mundo só faz sentido se a matéria for constituída de "tijolos" imutáveis – isto é, os átomos. Lavoisier baseava-se nos estudos de outro cientista...

Joseph Priestley

Pastor, químico e filósofo, Priestley (1733-1804) descobriu o oxigênio. Não foi a única coisa que ele descobriu: ao colocar água sobre barris de cerveja fermentando, percebeu que ela era gaseificada – e começou a oferecer aos amigos. Adaptada à indústria no século 19, a gaseificação seria usada por empresas como a...

Antarctica

A companhia surgiu em 1885, como um abatedouro, em São Paulo. Rapidamente expandiu seus negócios para cervejas, refrigerantes, presunto, banha e gelo. Com o sucesso do negócio que deu mais certo, o de cervejas, uma nova sede foi aberta na Mooca, em 1920. E o terreno da primeira fábrica acabou vendido, no mesmo ano, para o...

Palmeiras

O terreno que o clube comprou era o Parque Antarctica, e lá já havia um clube de recreação da empresa, que foi ampliado após a aquisição. Fundado em 1914, o clube chamou-se Palestra Itália até 1942, e esse ainda é o nome oficial do estádio. Era o time dos italianos no Brasil. Diferente de Parmênides, que era um grego na Itália.

Do Havaí ao Avaí

3

AUTOR
Rodrigo Rezende

Havaí

O arquipélago polinésio foi descoberto em 1778 pelo explorador britânico James Cook, que acabou morto no ano seguinte pelos nativos. Apesar disso, os ingleses preferiram insistir na via política – e ajudar um senhor de guerra local, Kamehamenha, a se tornar rei em 1810. Essa aliança impulsionou uma nova era de...

Comércio marítimo

Com um governo aliado no Havaí, foi fácil para o Império Britânico colonizar o Pacífico, chegando à Austrália e à Nova Zelândia. Só que para ir até lá os ingleses tinham de atravessar o Estreito de Magalhães, no Chile. Isso aumentou a importância geopolítica do Atlântico Sul, onde fica a costa brasileira. Que foi cobiçada por...

Solano López

Em 1862, López herdou do pai a presidência do Paraguai. Era um país agrário e isolado, mas Solano tinha planos ambiciosos: conquistar parte do Brasil para ter acesso ao Atlântico e transformar sua nação em potência. Assim, em 1864, começou a Guerra do Paraguai. Que teria como líder, do lado brasileiro, o...

Duque de Caxias

Luís Alves de Lima e Silva entrou jovem no Exército e foi subindo até se tornar Ministro da Guerra. Caxias encarou dificuldades na Guerra do Paraguai (o Mato Grosso, onde ela começou, praticamente não era acessível por terra), mas teve vitórias decisivas. Como uma de 1868, que ajudou a encerrar o conflito. A batalha de...

Avaí

Travada no Arroio Avaí, perto de Assunção, a batalha ficou tão célebre que batizou várias coisas no Brasil. Inclusive o Avaí F.C., time de Florianópolis fundado em 1923. O nome vem do tupi ("rio do homem"), mas muita gente acha que é oriundo da Polinésia. Talvez porque em Florianópolis se faça muito surfe – esporte nascido no Havaí.

4

Do crack ao croc

AUTOR
Rodolfo Viana

Crack
Segundo a ONU, 1,3% dos sul-americanos usa o altamente viciante derivado da cocaína, fumado na forma de pedra. Na região, um dos países com menor incidência de uso é a Argentina. Mas foi de lá que veio um craque com um problema com o pó...

Diego Maradona
Vícios à parte, é um gênio. Aposentou-se em 1997, como o maior jogador de todos os tempos, ao lado de Pelé. Foi técnico da Argentina na Copa de 2010, na África do Sul – torneio que teve a bola mais comentada de todos os tempos, a...

Jabulani
As 11 cores representavam os dialetos e etnias da África do Sul. Mas a bola foi criticada por jogadores no Mundial. A fabricante Adidas rebateu dizendo que ela era resultado de anos de pesquisa e que teve características inovadoras, como o material empregado, o...

EVA
Sigla para espuma vinílica acetinada, é um plástico com vários usos na indústria, de materiais hospitalares a composições de asfalto. A jabulani foi a primeira bola de futebol a usar o material, que foi parar em outro produto polêmico, o...

Croc
Tamanco que faz sucesso entre pessoas que trabalham de pé. A aparência o levou a ser eleito uma das piores invenções da história pela revista *Time*. Mas é tão confortável que muitos que usam não querem outra coisa. O croc é o crack dos pés.

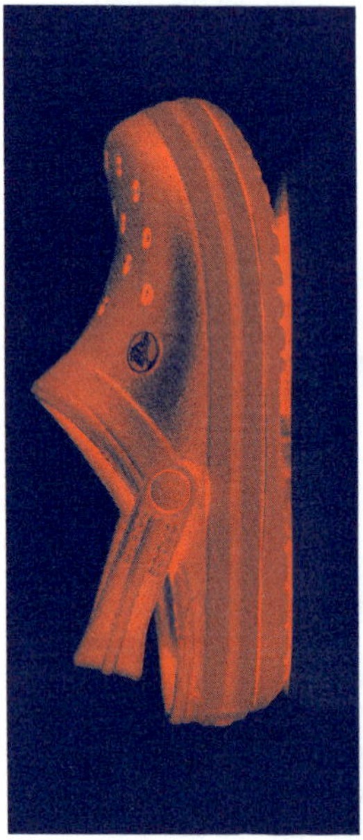

5

De Ghiggia ao Topo Gigio

AUTORA
Sílvia Lisboa

Ghiggia

Grande vilão uruguaio, autor do gol que tirou o título do Brasil na Copa de 50. O atleta ainda jogaria na Itália antes de pendurar as chuteiras e virar funcionário do Cassino de Montevidéu, junto com o ex-colega de Peñarol e da seleção...

Obdulio Varela

Capitão da seleção uruguaia em 1950, Varela é um ícone do país, onde é conhecido como *El Negro Jefe*. Sua liderança em campo era tão grande que "não atava as chuteiras com cordões, mas com as veias", segundo a opinião do jornalista...

Nelson Rodrigues

As peças de teatro podem ser o que ficou na memória, mas ele foi um dos maiores cronistas esportivos do país, Nelson Rodrigues iniciou sua carreira como repórter policial no jornal *A Manhã*, propriedade de seu pai. Já na década de 1960, ingressou na recém-fundada...

TV Globo

A "Vênus Platinada" é a segunda maior rede de TV comercial do mundo, atrás apenas da ABC, dos EUA – são 122 emissoras afiliadas. Seu maior produto de exportação são as novelas, mas ela também importa. Em 1965, trouxe da Itália um fenômeno mundial...

Topo Gigio

Ratinho orelhudo criado em 1958, estreou aqui no programa infantil *Mister Show*. E teve uma longa carreira de sucesso. Chegou ao Uruguai em um dos programas mais populares da TV, do comediante Pinocho, em 1968. Mesmo ano em que Ghiggia aposentou as chuteiras.

De Zico ao Zika

6

AUTOR
Tiago Jokura

Zico

Ninguém esquece o futebolista mais importante da história do Flamengo, um dos maiores do mundo. Depois de passagens como treinador pelas seleções do Iraque e do Japão, foi treinar o Goa, clube indiano. Seu último título nacional como jogador do Fla é até hoje contestado pelo...

Sport

O clube pernambucano é o mais popular do Norte e Nordeste. Clama para si o troféu de campeão nacional de 1987 por causa da recusa do Flamengo em disputar a final da Copa União. O Sport manda seus jogos na Ilha do Retiro, um dos quatro principais campos da capital...

Recife

Os outros estádios da cidade são: Aflitos, pertencente ao Náutico, Arruda, onde o Santa Cruz manda seus jogos, e a Arena Pernambuco. Este, de última geração, foi erguido a um custo de R$ 532,6 milhões, tornando-se uma das sedes da...

Copa do Mundo

O Brasil abrigou a competição em 12 cidades. Além das obras superfaturadas, um dos piores legados do evento tem a ver com o afluxo de um milhão de turistas estrangeiros. Esta é a possível causa da chegada e proliferação do vírus...

FIFA WORLD CUP Brasil

Zika

A epidemia do vírus no Brasil tem sido associada a um surto de microcefalia em recém-nascidos. O principal vetor do vírus é o mosquito *Aedes aegypti*, o mesmo que transmite a chikungunya e a dengue – que, em 2002, acometeu Zico.

7

De Sócrates a Sócrates

AUTOR
Fábio Marton

Sócrates

Pai da filosofia ocidental (469-399 a.C.), questionou a noção da época de que falar bem e convencer os outros (retórica) era mais ou menos equivalente a estar certo. De tanto conversar com (e irritar) os atenienses, acabou condenado à morte. Mas, com seu método de dialogar para decidir o que era certo, inventou a...

Dialética

Não é o mesmo que debate. É uma forma de encontrar a verdade por meio de uma tese, que dá origem à ideia oposta, a antítese, chegando-se a uma síntese, que contém a verdade. O método foi retomado por Hegel (1770-1841), que via um processo dialético na natureza de todas as coisas. E se tornou mestre de...

Karl Marx

Marx (1818-1883) aplicou a dialética de Hegel sobre a história. Para ele, a luta de classes era parte de um processo dialético – a tese, o liberalismo burguês, a antítese, a revolta proletária, e a síntese, o comunismo. A partir de 1918, quando os marxistas puseram suas ideias em prática, surgiram movimentos anticomunistas. Entre eles a...

Ditadura Militar

No início do Brasil dos anos 1960, setores militares e civis viam comunismo no governo de João Goulart (1961-1964), o que levou a um golpe em 1° de abril de 1964. O regime acabou durando 20 anos, nos quais surgiram opositores não apenas nas artes, mas até no futebol. E o mais célebre jogador antiditadura foi...

Sócrates

Sócrates (1954-2011) ficou famoso por fundar, em 1981, a Democracia Corinthiana: uma nova forma de administrar o time e também um movimento contra a ditadura (os jogadores usavam camisetas apoiando o movimento Diretas Já). Já Sócrates, o filósofo, morreu acusado de conspirar contra a democracia.

8

De Ragnar a Neymar

AUTOR
Fábio Marton

Ragnar Lodbrok

O legendário protagonista da série do History Channel foi celebrado em verso e prosa nas sagas nórdicas. Seu maior feito foi a invasão de Paris, no ano 845, quando ele comandou um grupo de 120 barcos e 5 mil guerreiros. Sem querer dar *spoiler*, Ragnar acabaria caindo em desgraça. Não muito longe, na...

Grã-Bretanha

Em 865, Ragnar naufragou nas costas da Nortúmbria, atual Inglaterra. Acabou preso e executado. Como vingança, seus seguidores invadiram o reino, detonando uma sequência caótica de invasões e guerras civis que só acabaria em 1707, com a fundação do Reino Unido – que fez a Revolução Industrial e criou a...

Ferrovia

O escocês James Watt (1736-1819) criou o motor a vapor moderno e, em 1804, o galês Richard Trevithick (1771-1833) teve a ideia de usar esse motor para mover um vagão. Nascia a ferrovia. Uma invenção genial, que se espalhou pelo mundo e chegou ao Brasil, trazendo consigo alguns imigrantes ingleses. Entre eles, o pai de...

Charles Miller

Filho de um engenheiro ferroviário escocês, Miller (1874-1953) nasceu em São Paulo e foi para a Inglaterra aprender a profissão do pai. Aprendeu a consertar trens e a jogar um tal de *foot-ball*. Quando voltou, espalhou o jogo pelo Estado – inclusive Santos, onde terminava a ferrovia. E onde seriam revelados Pelé e...

Neymar

Assim como Pelé (nativo de Três Corações), Neymar não nasceu em Santos: é de Mogi das Cruzes. Mas, como era bom de bola, aos 11 anos foi adotado pelo Santos F.C., onde ganhou projeção internacional. E, assim como Ragnar, fez sua fama vestindo shorts – Ragnar Lodbrok quer dizer "bermuda peluda" em nórdico arcaico.

9

De Valderrama ao Fliperama

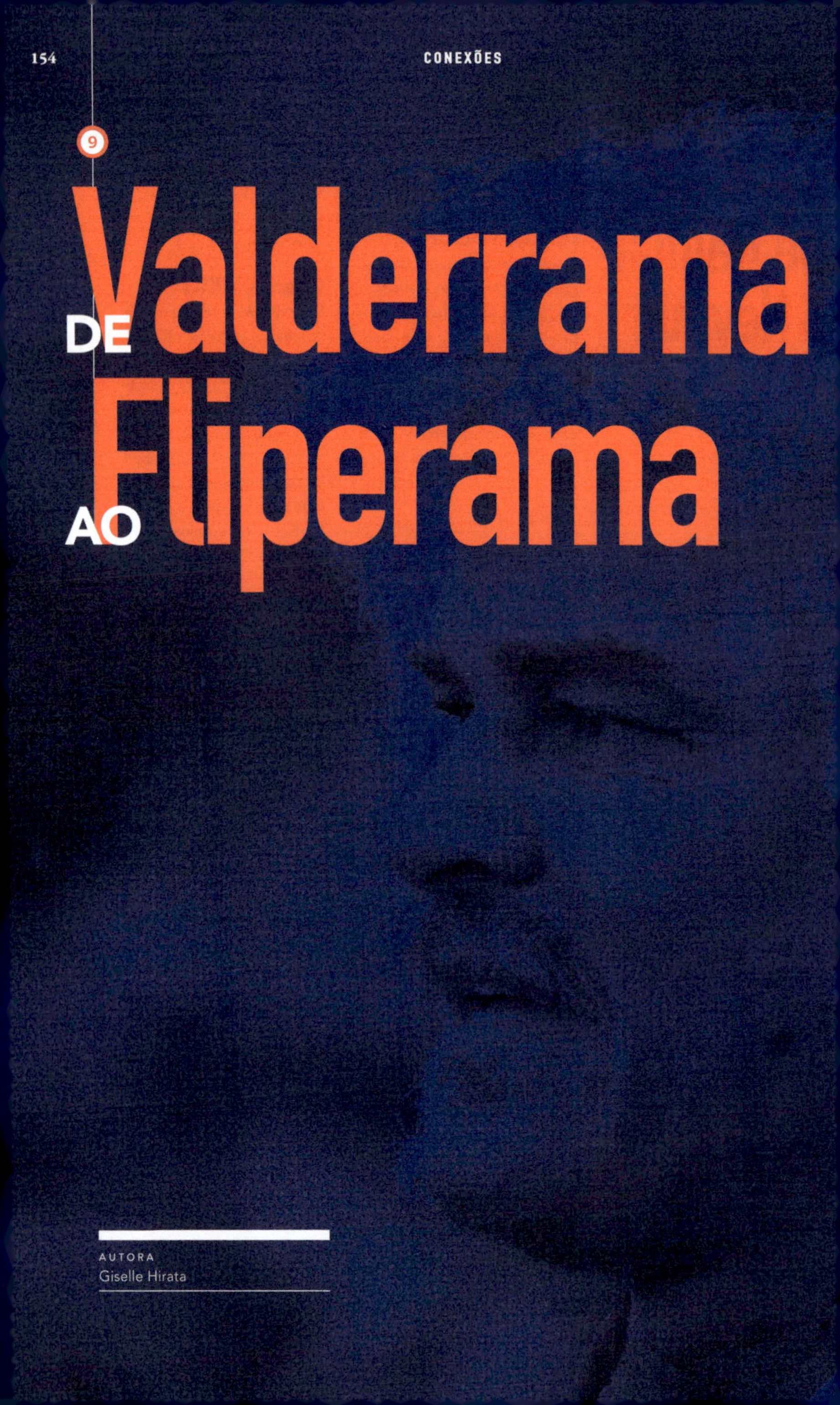

AUTORA
Giselle Hirata

Valderrama

Ex-jogador de futebol colombiano, Carlos Valderrama é uma lenda no país. Com seu cabelo fabuloso e vasto, liderou a seleção da Colômbia em três Copas: 1990 (Itália), 1994 (Estados Unidos) e 1998 (França). Nos EUA, os donos da casa eliminaram os colombianos graças a um gol contra de...

Andrés Escobar

Ainda hoje é ídolo do Atlético Nacional, de Medellín. Mas dias depois da eliminação, em 1994, foi assassinado na cidade, então dominada pelo narcotráfico de outro Escobar, o Pablo. Antes de render série, o maior traficante da Colômbia foi retratado no filme *Profissão de Risco*, de 2001. Uma produção dos estúdios...

Disney

Seu primeiro personagem foi o coelho Oswald, em 1927. Só depois vieram Mickey, Donald e Pateta. Hoje são donos do Wolverine e Luke Skywalker. Em sua história, a megacorporação lançou inúmeros produtos culturais, de revistinhas no Brasil a cartas de baralho no Japão – que eram produzidas pela...

Nintendo

A empresa nasceu em 1889, vendendo cartas de baralho. Nos anos 1970, entrou no jovem ramo dos videogames. Consagrou-se como criadora de aparelhos, jogos e personagens marcantes. O astro número 1, Mario, surgiu em 1981, em *Donkey Kong*, um jogo de arcade, plataforma que no Brasil é conhecida como...

Fliperama

As casas de entretenimento eletrônico viveram seu auge entre os anos 1970 e 1990, antes de enfrentar a concorrência dos videogames caseiros. Hoje, são raridade. Alguns aficionados colecionam os aparelhos, que podem custar milhares de reais. Coisa extravagante. Como o cabelo de Valderrama.

1. DE CHE A CHER
2. DE KARL MARX A GROUCHO MARX
3. DE PATO DONALD A DONALD TRUMP
4. DE KIM BASINGER A KIM JONG-UN
5. DO IBAMA AO OBAMA
6. DO POLVO AO LULA
7. DE WILMA A DILMA
8. DO THC AO FHC
9. DA MEXERICA AO TIRIRICA
10. DE BRUCE WILLIS A JEAN WYLLYS
11. DE CHAVES A HUGO CHÁVEZ
12. DE EVA A EVO
13. DO BLACK SABBATH AOS BLACK BLOCS
14. DE CHARLIE BROWN AO CHARLIE HEBDO

CAP. 7

160

161

163

166

167

168

170

171

172

174

175

176

179

182

1

De Che a Cher

AUTOR
Fábio Marton

Che Guevara

Estudante de medicina argentino que virou revolucionário ao chegar ao México, Ernesto Guevara ganhou o apelido de seus companheiros, por falar muito "che" – que é o mesmo "tchê" dos gaúchos, usado também em seu país. Em 1958, junto com Fidel Castro, fez a Revolução Cubana e tomou o poder – o que acabou provocando a...

Crise dos Mísseis

Che tinha pretensões geopolíticas. Em 1962, ele apoiou entusiasmadamente a ideia dos soviéticos de instalarem mísseis nucleares em Cuba, que, se disparados, atingiriam os EUA em apenas 15 minutos. A Crise dos Mísseis acabou sendo contornada, mas quase detonou a 3ª Guerra Mundial. E esse susto gerou uma onda de...

Pacifismo

O clima nos EUA mudou radicalmente. Acabou o otimismo ingênuo dos anos 1950 e surgiu a onda da contracultura e dos hippies: que pregavam o pacifismo e a anarquia e cantavam músicas de protesto contra as ações de seu país na Guerra Fria, com letras bem bicho-grilo. E o artista mais famoso desse estilo foi...

Bob Dylan

Robert Zimmerman começou sua carreira como roqueiro, mas em 1962 trocou de nome e passou a cantar música folk. Dylan se politizou, participou dos protestos pelos direitos civis dos negros nos EUA e escreveu músicas cada vez mais densas e profundas. Mas também ajudou no sucesso de uma artista bem fútil. A cantora...

Cher

Seu primeiro disco solo, em 1965, trouxe como faixa-título *All I Really Want to Do*, cover de uma música de Dylan. Foi um megassucesso e deu o empurrão decisivo na carreira de Cher, que chegou até a lançar a própria linha de roupas. Como Che – que, sem querer, deu origem a um grande negócio de camisetas estampadas com seu rosto.

2

De Karl Marx a Groucho Marx

AUTOR
Fábio Marton

Karl Marx

O filósofo, sociólogo e economista alemão levava uma vida agitada. Aos 29 anos, já tinha três filhos e acabara de publicar um trabalho de grande repercussão: o *Manifesto Comunista*. Marx escreveu o texto junto com seu melhor amigo, um jovem rico que ajudou a sustentá-lo por toda a vida. Seu nome era...

Friedrich Engels

Os amigos se conheceram cinco anos antes da publicação do *Manifesto*, na rede de amizades dos autores radicais daquela época. Diferente do sisudo Marx, Engels era quase um playboy: adorava festas e champanhe. O dinheiro que sustentou as atividades da dupla veio da família dele, que era ligada à...

Indústria têxtil

A família Engels tinha fábricas de tecido em Manchester, na Inglaterra. Foi nesse ramo que começou a Revolução Industrial: com lã e algodão sobrando, a Inglaterra passou a produzir tecidos em grande escala. A nova indústria era obcecada por tecnologia – qualquer coisa valia para melhorar suas máquinas. E isso levou à criação da...

Graxa

O óleo é bom lubrificante, mas escorrega das peças e precisa ser reposto o tempo todo. Os químicos do século 19 descobriram que, misturando óleo mineral a sabão, obtinha-se um lubrificante mais grudento: a graxa, que, além de ajudar a indústria, achou uma função inusitada. Misturada com tinta, virou o bigode falso de...

Groucho Marx

Reconhecido por seu visual exagerado, esse comediante começou em espetáculos de vaudeville – onde brancos passavam graxa na cara para se fingir de negros. Na segunda metade do século 20, citá-lo virou uma forma de ridicularizar Marx e o comunismo. Bastava dizer: "Sou marxista, da tendência Groucho".

3

De Pato Donald a Donald Trump

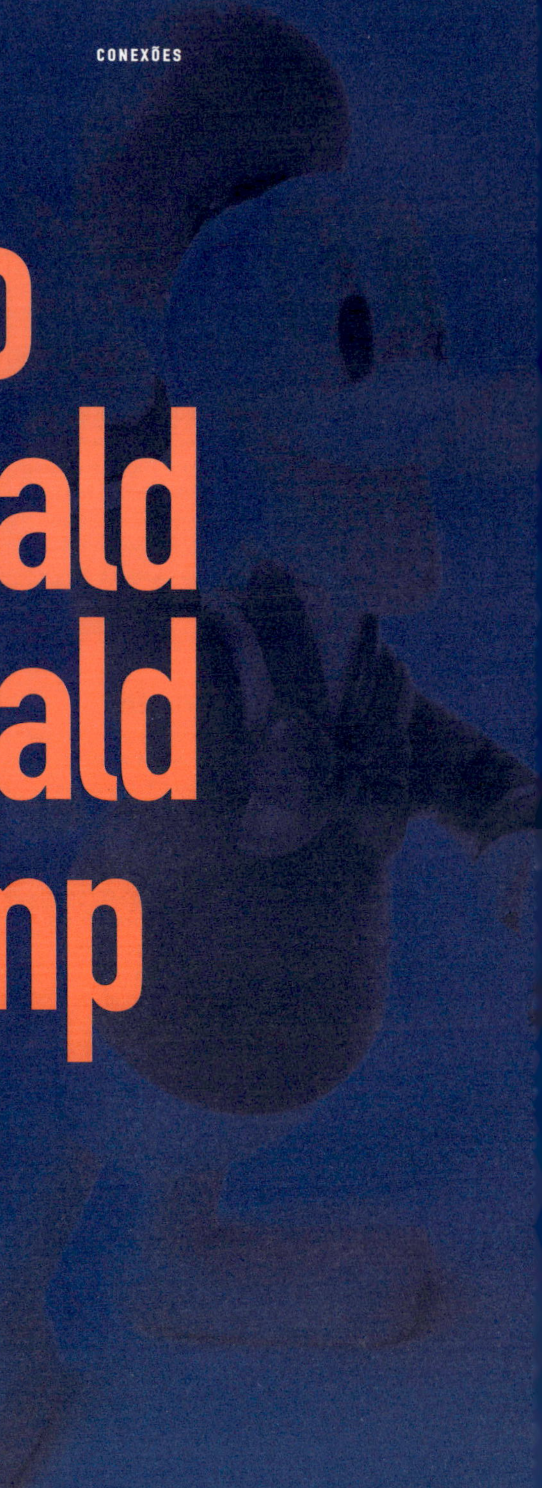

AUTOR
Tiago Jokura

Pato Donald

O irritado Donald Fautlenroy Duck (pois é, tem esse nome do meio) estreou em 1934. É o personagem da Disney que mais apareceu em filmes e o mais publicado em HQs, descontadas as de super-heróis. Seu idealizador, Walt Disney, nasceu em Illinois, EUA, Estado-sede da maior rede de fast food do mundo, o...

McDonald's

Surgiu em 1940, ano da estreia dos clássicos *Fantasia* e *Pinocchio*. Outra coincidência com a Disney é que um apelido da rede nos EUA é Mickey D's. Além de vender comida rápida, patrocina grandes eventos culturais e esportivos. Em 1976, começou sua carreira olímpica nos Jogos de...

Montreal

A segunda maior cidade canadense foi palco de uma performance decepcionante: até hoje o Canadá é o único país-sede que não levou ouro. No ano dos Jogos, modelos foram contratadas para promover o evento em Nova York. Entre elas estava uma ex-atleta tcheca...

Ivana Zelní

Em depoimento feito pelo Comitê Olímpico tcheco, a ex-modelo dizia ter sido reserva no time olímpico de esqui. Imigrou para o Canadá em 1975 e para Nova York um ano depois. Em 1977, mudou seu nome para Ivana Trump. Ao se casar com o magnata...

Donald Trump

O bilionário e para
á de controver-
so candidato
republicano tem
uma vocação para
virar meme que só
não é maior que
suas declarações
contra imigran-
tes e islâmicos. É
sacaneado na web
com fotos fazendo
duck faces (caras de
pato). Como a de
seu xará da Disney
– para quem, vá lá,
isso não é opção.

4

De Kim Basinger a Kim Jong-un

AUTOR
Fábio Marton

Kim Basinger

Após fazer carreira como modelo, ela estourou em Hollywood no filme *Nunca Mais Outra Vez*, de 1983. Até recentemente, quando a idade pesou e Kim passou a escolher papéis mais pacatos, de mãe de família, sua marca registrada eram as *femmes fatales*. Como no bizarríssimo...

Cool World

Lançado em 1992, o filme conta a história de um cartunista que transforma um desenho em ser humano pelo poder do sexo. Foi muito mal de bilheteria, um fracasso que ninguém esperava. Porque Ralph Bakshi, seu diretor, havia revolucionado a animação na década anterior, com...

Super Mouse

Bakshi era famoso pelos desenhos animados para adultos. Mas seu filme infantil, *As Novas Aventuras do Super Mouse*, também foi um megassucesso. Inspirou toda uma geração de desenhos, que passaram a adotar linguagem mais descolada, menos didática. Entre eles, um filme estrelado por...

Michael Jordan

Em *Space Jam*, de 1996, ele contracenava com Gaguinho, Patolino e Pernalonga numa disputa intergaláctica de basquete. Jordan, que já era estrela para amantes dos esportes, ganhou novos fãs no mundo inteiro. Inclusive numa escola para estrangeiros na Suíça, onde estudava...

Kim Jong-un

O atual líder da Coreia do Norte era fissurado em Michael Jordan, e preenchia cadernos e cadernos com desenhos do jogador. Mesmo tendo um herói americano, Kim não nutre a menor simpatia pelos EUA e o Ocidente – a quem tem ameaçado de ataque nuclear. Ele pode não ser uma *femme*, mas é totalmente *fatale*.

5

Do Ibama ao Obama

AUTOR
Tiago Jokura

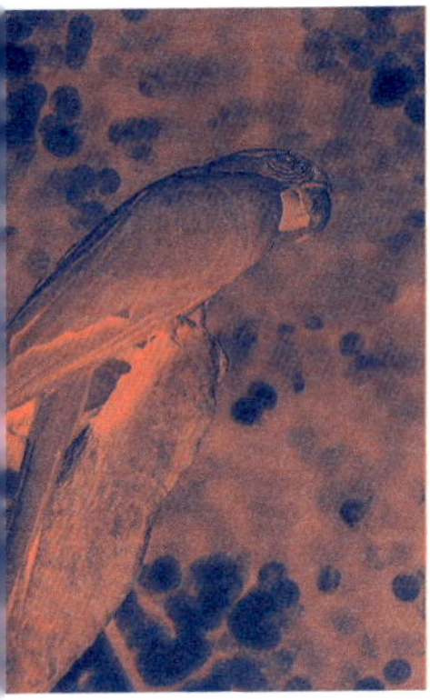

Ibama

Criado em 1989, é um órgão filiado ao Ministério do Meio Ambiente e tem como função principal fiscalizar o patrimônio e os recursos naturais brasileiros. A instituição é conhecida por campanhas de proteção aos animais silvestres. Um dos mais famosos deles é a...

Arara-azul

Além da ameaça de extinção, o fato de a ave estar sumindo do mapa a torna mais valiosa para colecionadores. A espécie também vale muito para a indústria do entretenimento: um par de araras-azuis protagoniza a animação *Rio*, de Carlos Saldanha. Obviamente ambientada no...

Rio de Janeiro

Muito antes dos bailes funk e do Carnaval, a Cidade Maravilhosa serviu de cartão postal do Brasil. A antiga capital do País já seduzia turistas estrangeiros desde a época do Império. Mais exatamente em 1768, quem resolveu ficar alguns dias na capital fluminense foi...

James Cook

O explorador inglês se apaixonou pela navegação muito cedo. Estudou trigonometria, astronomia e entrou na Marinha Britânica em 1755. Entre os feitos do capitão destaca-se a descoberta do arquipélago do Havaí – onde, séculos depois, nasceria...

Barack Obama

O 44º presidente dos EUA cresceu apreciando as belezas naturais do arquipélago tropical. Em junho do ano passado, firmou um compromisso com a então presidente Dilma Rousseff para eliminar o desmatamento ilegal no Brasil até 2030. Viva o Obama!... quer dizer, o Ibama.

Do polvo ao Lula

6

AUTOR
Fábio Marton

Polvo

As cerca de 300 espécies de polvo não têm concha. Por isso, são muito flexíveis e podem se enfiar em qualquer lugar em busca de comida. O polvo é considerado muito inteligente; o rei dos animais invertebrados. E, como convém à nobreza, seu sangue é azul. Tudo por causa de uma molécula, a...

Hemocianina

Ela se liga ao oxigênio para transportá-lo até as células do organismo por meio do sangue. Exatamente como a hemoglobina faz no corpo humano. A diferença é que, enquanto a hemoglobina é rica em ferro (o sangue humano é vermelho porque o ferro é vermelho), a hemocianina está cheia de outro metal. O...

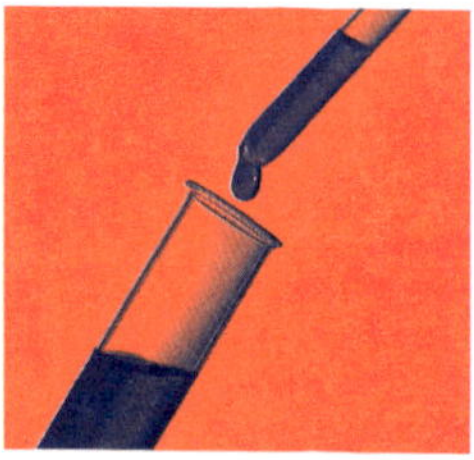

Cobre

Ele fica azul-esverdeado quando entra em contato com o oxigênio. Isso pode ser visto nas estátuas de bronze – que é uma liga de cobre com outros metais. A descoberta dessa mistura foi vital para a humanidade. Tanto é que se chama Idade do Bronze (3300-1200 a.C.) o fim da Pré-História, quando foi inventada a...

Metalurgia

Aprender a fundir metais significou a troca das machadinhas de pedra pelas espadas de bronze – e originou os primeiros impérios. Ao longo dos milênios, novas técnicas foram criadas nessa indústria importantíssima. Como a prensagem, que ajuda a moldar o metal mais rápido. E, em 1963, mudaria o destino de um homem...

Lula

Depois que perdeu o dedo mindinho numa prensa, ele se politizou: virou sindicalista, deputado e presidente. Durante seu governo pragmático, acusou-se Lula (cujo apelido não vem do mar, e sim de seu nome, Luiz) de ter assumido uma ideologia mais moderada – menos "vermelha" – e com isso mudado radicalmente de cor. Como um polvo.

7

De Wilma a Dilma

AUTOR
Fábio Marton

Wilma Flintstone

No desenho *Os Flintstones*, criado em 1960, Wilma era a esposa sensata de Fred: um protagonista meio bronco, mas simpático. Essa fórmula viria a ser adotada, muito tempo depois, pelos sarcásticos *Simpsons*. Mas *Os Flintstones* não era politicamente incorreto. Exceto por um detalhe: seu primeiro patrocinador foi uma marca de...

Cigarros

Nos comerciais das primeiras temporadas, Fred e Wilma apareciam fumando cigarros Winston, fabricados pela empresa americana RJ Reynolds. No Brasil, os cigarros dessa empresa são produzidos pela Souza Cruz, no Rio Grande do Sul. E, em meio aos tabacultores gaúchos, surgiu uma força política. O deputado...

Nestor Jost

Descendente de fazendeiros do tabaco, Jost se tornou presidente do Banco do Brasil e ministro durante a ditadura militar, e até o final da vida atuou como lobista da indústria do tabaco – foi presidente da Abifumo, entidade que representa o setor. Mas começou sua carreira bem mais à esquerda. Nestor Jost foi um dos fundadores do...

PSB

O Partido Socialista Brasileiro surgiu em 1947, como uma opção menos radical ao Partido Comunista Brasileiro. Mas, quando os militares extinguiram o partido, em 1965, alguns de seus integrantes decidiriam partir para a luta armada. E formaram o Comando de Libertação Nacional (Colina), onde se destacou...

Dilma Rousseff

Depois de ser presa pela ditadura, em 1970, e libertada, em 1972, ela retomou sua atuação política: filiou-se ao PDT de Leonel Brizola, em 1980, e em 2001 mudou-se para o PT – partido pelo qual se elegeu presidente do Brasil. Como Wilma, Dilma teve a seu lado um homem de modos simples, mas carismático: Lula.

8

Do THC ao FHC

AUTOR
Rodrigo Rezende

THC

Entre as mulheres da Idade Média, o THC (tetrahidrocanabidiol, princípio ativo da maconha) era considerado um remédio milagroso: servia para tratar cólicas, aliviar as dores do parto e até desencalhar solteironas. Mas no século 18 começou a circular um boato que detonou a reputação da *Cannabis*: quem fuma maconha é...

Assassino

A palavra "assassino" tem origem no nome da seita *Hashishyya*, formada por árabes que usavam haxixe (uma maconha refinada, com mais THC) e saíam matando cristãos. Parece difícil de acreditar? A associação entre maconha e homicídio era pura invenção que alguém criou e espalhou pela França para constranger as tropas de...

Napoleão Bonaparte

Logo que os soldados de Napoleão invadiram o Egito, em 1798, aproveitaram para provar aquela erva mágica de que falava o livro *As Mil e Uma Noites*. Eles adoraram os efeitos do haxixe, e das trincheiras napoleônicas a droga foi direto para o mundinho dos intelectuais franceses. Onde ganhou um grande fã...

Charles Baudelaire

"O haxixe torna o indivíduo inútil para a humanidade, e a sociedade desnecessária para o indivíduo." O autor dessa frase, o poeta francês Baudelaire, usava o narcótico como inspiração para escrever sobre angústia, sexo e morte. Ele ajudou a popularizar o haxixe na elite intelectual da Universidade de Paris. Onde lecionou...

FHC

Ex-professor da Sorbonne e ex-presidente do Brasil, Fernando Henrique Cardoso adotou nova bandeira: a descriminalização da maconha, que propõe no documentário de 2011 *Quebrando o Tabu*. Havendo a descriminalização, a maconha poderia voltar a ser usada como faziam as mocinhas medievais – com fins medicinais.

Da mexerica ao Tiririca

9

AUTOR
Fábio Marton

Mexerica

De origem chinesa, essa fruta chegou à Europa pelo porto de Tânger (Marrocos) – é daí que vem seu nome tradicional, tangerina. A cidade era uma possessão portuguesa, mas em 1661 acabou passando para o controle dos ingleses – foi o dote de casamento da princesa Catarina de Bragança para o rei...

Charles 2º

Ele ficou conhecido por dois motivos: ter restaurado a monarquia no Reino Unido e ser muito mulherengo. Mas isso não atrapalhou seu casamento com Catarina, que sedimentou a amizade entre Portugal e Inglaterra. Essa aliança durou séculos, e colocou as duas potências do mesmo lado em conflitos como a...

Guerra dos Sete Anos

Considerada por alguns historiadores a verdadeira primeira guerra mundial, esse conflito (1756-1763) foi a luta entre dois grandes blocos: Reino Unido, Portugal e Prússia contra França, Espanha, Áustria e Rússia. A guerra, que terminou com um acordo favorável à Inglaterra, revelou talentos militares como George Washington e...

Phillip Astley

Astley foi um oficial de cavalaria que inventou um novo ramo de entretenimento. Com o que aprendeu na guerra, começou a fazer truques com um cavalo em torno de um círculo com arquibancadas. Depois, chamou palhaços e acrobatas para o espetáculo. Nascia o circo moderno, berço de talentos como...

Tiririca

O hoje deputado federal Francisco Everardo Oliveira Silva começou a trabalhar no meio circense aos 8 anos de idade, e chegou a ter seu próprio circo antes de virar popstar nos anos 1990. Ele ganhou esse apelido porque, quando criança, ficava irritado por qualquer coisa. Tiririca podia até ter fama de bravo, mas acabou perdendo essa casca bem facilmente – como a mexerica.

10

De Bruce Willis a Jean Wyllys

AUTOR
Fábio Marton

Bruce Willis

Sua careca brilha em Hollywood desde os anos 1980 (quando ainda tinha cabelos), com a série *Duro de Matar* e outros grandes hits – *Pulp Fiction* e *Sin City* só para ficar em alguns. Tanto trabalho fez com que ele tivesse que se mudar algumas vezes. Em 2007, foi morar em Nova York, na...

Trump Tower

Para as filmagens de *A Estranha Perfeita*, alugou um apartamento na torre por US$ 55 mil mensais. Além de residências, o arranha-céu de 68 andares abriga um shopping center, lojas e escritórios. O mais prestigioso desses escritórios acabou ficando famoso no programa...

O Aprendiz

Antes de sua candidatura à presidência, o magnata Donald Trump – que construiu a Trump Tower – já adorava aparecer. Ele já havia feito pontas em filmes antes de maltratar candidatos a emprego em seu reality show. Trump, exímio empresário, não teria feito esse negócio sem o precedente do...

Big Brother

A febre dos reality shows surgiu em 1999, na Holanda, e foi exportada para vários países. No Brasil, o BBB chegou em 2002 e está aí até hoje. Em sua quinta edição, de 2005, o campeão seria o então professor universitário...

Jean Wyllys

No BBB, ganhou R$ 1 milhão e projeção nacional. Em 2010, foi eleito deputado federal. A diferença entre ele e o ator não está só nos ípsilons do nome. Jean é famoso pela sua defesa passional dos valores da esquerda – com cusparadas, se precisar. Bruce leva fama de conservador.

11

De Chaves a Hugo Chávez

AUTOR
Fábio Marton

Chaves

Estrelado por Roberto Bolaños (1929-2014), *El Chavo del Ocho* foi lançado em 1971 no México e logo ganhou a América Latina. No Brasil, ganhou o nome de *Chaves*. Tradução errada: o certo seria "O Menino do Oito". Oito é o número da casa de Chaves – ironia, pois ele mora num barril e é um mendigo. Como...

Diógenes de Sínope

Nascido na atual cidade turca de Sinop, Diógenes (412-323 a.C.) viveu como mendigo e fundou o cinismo – doutrina que renega a civilização. Com o tempo, a palavra "cínico" virou xingamento. Mas a ideia central de Diógenes (a sociedade corrompe o ser humano) foi reabilitada, séculos depois, por outro pensador...

Jean-Jacques Rousseau

Já pensou como o ser humano seria sem a sociedade? Para Rousseau, uma maravilha: segundo ele, as pessoas nascem boas e honestas. Qual a solução, então? Rousseau achava que, se fosse respeitada a chamada Vontade Geral, isto é, o desejo da maioria das pessoas, a corrupção acabaria. Para isso, ele defendia a...

Democracia direta

Ela é diferente da democracia representativa, como a nossa, na qual as leis são decididas indiretamente por representantes. Na democracia direta, tudo acontece via plebiscitos, em que o próprio povo se encarrega de tomar as decisões. Esse é um princípio central da chamada Revolução Bolivariana, que foi idealizada por...

Hugo Chávez

Em 1999, Chávez fez um plebiscito para justificar mudanças na Constituição, iniciando um regime controverso, que cultuava sua personalidade. Em 2005, ele criou um canal, a teleSUR, no qual se apresentava pessoalmente. Até sua morte, em 2013, ele tentou levar sua imagem ao resto da América Latina – igualando o outro Chaves.

De Eva a Evo

12

AUTOR
Fábio Marton

Eva

Segundo a Bíblia, a primeira mulher do mundo, ancestral de toda a humanidade, criada a partir da costela de Adão. O mito que fala sobre a criação da mulher não é exclusivo do judaísmo e do cristianismo. Ele também existe no Islã – onde a primeira mulher do mundo se chama Hawwa. Ela tem até uma sepultura, em...

Jeddah

Uma das cidades mais importantes da Arábia Saudita, Jeddah servia como porto para os peregrinos que iam a Meca – e a tumba de Eva era um de seus maiores pontos turísticos até ser fechada, em 1975. Hoje, a cidade é um grande centro empresarial, sede do grupo saudita BinLadin – a companhia da família de...

Osama bin Laden

Filho de um empreiteiro bilionário, em 1979 decidiu usar sua fortuna para financiar os militantes *mujahidin* do Afeganistão, que lutavam contra a União Soviética. Foi o começo de sua carreira de militante islâmico, cujo apogeu foram os ataques de 11 de setembro de 2001, que deram início à...

Guerra ao Terror

Como resposta ao 11 de Setembro, o governo dos EUA apostou em sistemas de espionagem. No começo de 2013, o ex-analista Edward Snowden denunciou a operação: os celulares de 120 milhões de americanos foram grampeados, e até e-mails brasileiros eram lidos. Snowden teve de fugir, e recebeu uma oferta de...

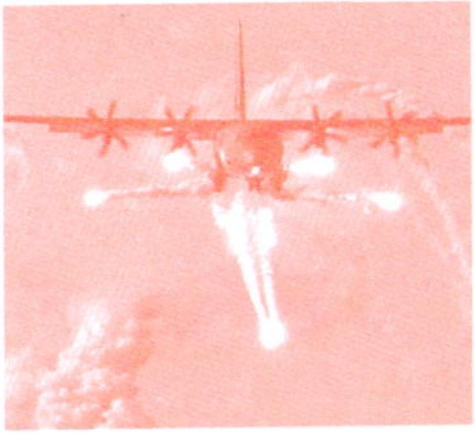

Evo Morales

O presidente da Bolívia foi um dos que se propuseram a dar asilo a Snowden. Evo não é muito bem-visto pelos EUA, pois é um dos principais presidentes de esquerda da América do Sul e grande aliado do falecido Hugo Chávez – que, em 2006, chamou George W. Bush de "Diabo". Como o que ofereceu a maçã a Eva.

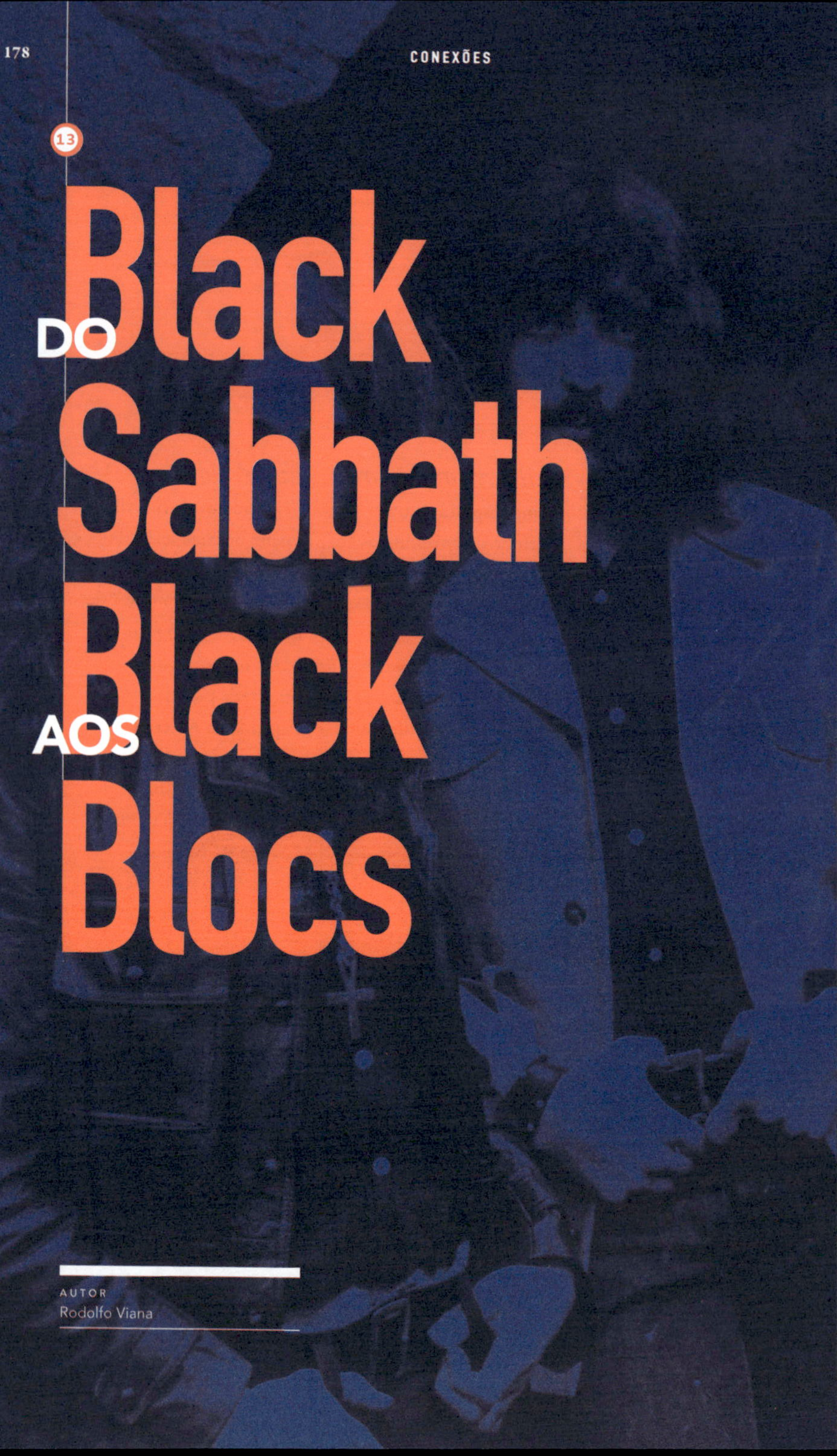

13

Do Black Sabbath aos Black Blocs

AUTOR
Rodolfo Viana

Black Sabbath

Nome original do filme *As Três Máscaras do Terror*, de 1963. Inspirou quatro jovens de Aston, Inglaterra, a mudar o nome de sua então desconhecida banda, Earth – nome que o vocalista Ozzy Osbourne odiava. Em 1971, já famoso, o Black Sabbath lançou um de seus clássicos...

War Pigs

Canção que originalmente se chamava *Walpurgis*, em referência a 30 de abril, que seria a noite das bruxas no folclore germânico. Mudou de nome e tema a pedido da gravadora Vertigo. Segundo o baixista Geezer Butler, autor da letra, a música é um manifesto contra a...

Guerra do Vietnã

Em 1954, o país foi dividido entre um Norte comunista e um Sul capitalista – que logo entraram em conflito. Os EUA tomaram o lado do governo de situação no Sul, e entraram para valer em 1965. Saíram derrotados, e o fiasco gerou uma certa desconfiança no militarismo. Isso foi batizado de Síndrome do Vietnã pelo presidente...

Ronald Reagan

O ex-ator de faroestes chegou ao poder em 1981 prometendo tocar um bangue-bangue contra o comunismo. Mas, em 1987, viajou à dividida Alemanha para se encontrar com o líder soviético Mikhail Gorbachev. Na reunião, propôs a derrubada do Muro de Berlim. A viagem foi marcada por manifestantes adeptos de uma novidade, os...

Black Blocs

Eles se movem em grupos coesos, atacando a polícia e depredando propriedades privadas. O nome vem das roupas e máscaras pretas, que servem de proteção de suas identidades. A cor também é símbolo do anarquismo. Presente nas manifestações brasileiras de 2013, os mascarados assustam. Como o Black Sabbath.

De Charlie Brown ao Charlie Hebdo

14

AUTOR
Fábio Marton

Charlie Brown

Ele surgiu em 1947, na tirinha *Li'l Folks* – que também revelou o cachorro Snoopy. Criação do americano Charles Schulz, que bolou a tirinha dois anos depois de voltar da 2ª Guerra. Ele só pegou o fim do conflito, depois da...

Invasão da Normandia

Os soldados aliados levaram anos para pôr a mão na massa, porque os EUA não conseguiam entrar na Europa. Só aconteceu em 6 de junho de 1944, quando eles invadiram a Normandia. Tudo graças à ajuda da...

Resistência Francesa

A França foi invadida em 1940, e ficou quatro anos sob domínio nazista. Mas nem todos os franceses aceitaram. A Resistência fez tudo o que pôde, inclusive ações de guerrilha, para infernizar os nazistas. Seu líder era...

Charles de Gaulle

Veterano da 1ª Guerra, passou a 2ª lutando contra os nazistas. Foi presidente da França entre 1959 e 1969. De Gaulle era conservador, e sua morte foi satirizada por cartunistas de esquerda. E isso levaria à criação do...

Charlie Hebdo

Em 1970, o jornal *Hara-Kiri Hebdo* zoou a morte do ex-presidente. Foi fechado. Mas os donos logo lançaram outro, o *Charlie Hebdo*. O nome se refere a De Gaulle e a Charlie Brown – cujas tiras eles republicavam.

REL
GI

1. DE CHICO XAVIER AO PROFESSOR XAVIER
2. DE SALOMÃO AO SALAMINHO
3. DO *APOCALIPSE* AO CALYPSO
4. DE MAOMÉ À MONTANHA
5. DA PÁSCOA À ILHA DE PÁSCOA
6. DE JESUS A MADONNA
7. DE BRAMA À BRAHMA
8. DE PILATOS A PILATES
9. DE ÍSIS AO ISIS

CAP. 8

ÃO

1

De Chico Xavier ao Professor Xavier

AUTOR
Rodolfo Viana

Chico Xavier

Francisco de Paula Cândido foi um dos maiores divulgadores do espiritismo no Brasil. Os livros que ele escreveu (ou psicografou, se você acredita) venderam mais de 50 milhões de exemplares. Morreu aos 92 anos, em 30 de junho de 2002, quando o Brasil ganhou a...

Copa 2002

Primeira edição na Ásia e a primeira com dois países-sede, Japão e Coreia do Sul. O Brasil teve sete vitórias, um recorde. Outra marca batida no Mundial foi a de gol mais rápido: 11 segundos, no jogo entre Turquia e...

Coreia do Sul

O país surgiu de uma guerra que separou Sul e Norte, entre 1950 a 1953. Até hoje não houve um tratado de paz, apesar das tentativas do ex-presidente sul-coreano Kim Dae-jung. Em 2000, ele ganhou o Nobel da Paz. Mesmo prêmio recebido por...

Martin Luther King

O grande líder do movimento pelos direitos civis dos negros nos EUA foi assassinado por um racista em 1968, quatro anos após o Nobel. Ele tem um legado curioso para além dos direitos humanos: inspirou o escritor Stan Lee a criar o...

Professor Xavier

O Professor X luta pelos mutantes de forma pacífica, como Luther King, em oposição aos métodos violentos de Magneto, inspirados no rival Malcolm X. Oficialmente, está morto desde 2012. Mas, nos quadrinhos, como no espiritismo, a morte não é definitiva.

2

De Salomão ao sala-minho

AUTOR
Fábio Marton

Salomão

Terceiro rei de Israel, Salomão governou em paz e restaurou a estrutura do reino. Ele construiu o templo de Jerusalém, que se tornou o maior símbolo de resistência aos invasores, pois foi destruído em 586 a.C. pelos babilônicos e reconstruído novamente em 538 a.C. Até ser destruído de vez pelos romanos, o que levou os judeus à...

Diáspora

No ano 6, Israel tornou-se uma província do Império Romano, sob o nome de Judeia. Em 66, os judeus se revoltaram. Quando a revolta foi esmagada, em 70, o templo de Jerusalém foi destruído e os judeus, expulsos, foram morar em locais que iam da China até a Europa, onde acabaram por ajudar a fundar o...

Sistema bancário

Em 1179, os cristãos foram proibidos de emprestar dinheiro a juros, mas os judeus podiam emprestar a não judeus. Empréstimos – e os confiscos das fortunas dos judeus – financiavam guerras, mas também influenciaram o surgimento de uma nova classe social: a burguesia – que mudaria o mundo séculos depois, por meio do...

Iluminismo

A burguesia tinha dinheiro, mas não era nobre. Por isso investiu na filosofia iluminista, que acabaria com os privilégios da nobreza. A Revolução Francesa usou essa bandeira, assim como a unificação da Itália. Com a queda dos poderes locais, muitos italianos ficaram sem terras e saíram do país, levando consigo receitas, como o...

Salaminho

Encher uma tripa com carne condimentada e deixá-la curtir por alguns meses, deixando formar uma capa de mofo (o mesmo do queijo camembert) já era feito na Itália desde o tempo dos romanos. O rei Salomão era poderoso, mas não podia se deleitar com essa receita: vai carne de porco no salaminho, proibida pelo judaísmo.

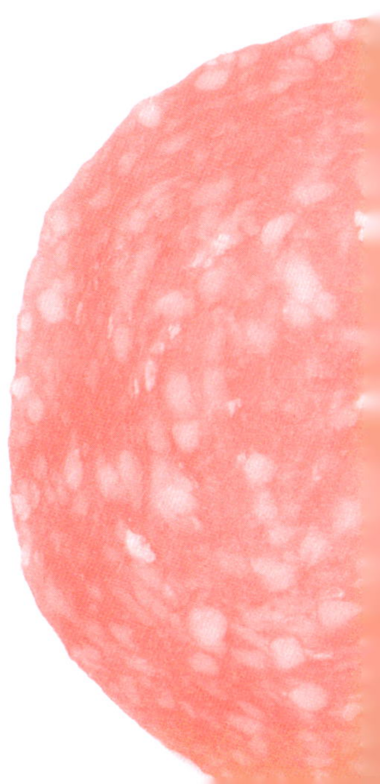

Do *Apocalipse* ao Calypso

3

AUTOR
Fábio Marton

Apocalipse

Também chamado de *Revelação*, o último livro da Bíblia é um texto sobre o fim do mundo: a batalha final entre Deus e o Diabo e o julgamento da humanidade. O livro não diz quando isso irá acontecer, mas muita gente se arriscou a tentar prever a data. Até mesmo cientistas, como ninguém menos que...

Isaac Newton

Newton (1642-1727) leu o *Apocalipse*, fez suas contas e decidiu que 2060 seria o fim da humanidade. Era uma de suas muitas aventuras no misticismo, que incluíram estudar a já obsoleta alquimia. Mas o mesmo Newton fez descobertas que revolucionaram a maneira como o homem enxerga o Universo – que passou a ser explicado racionalmente. E essa postura inspirou a...

Revolução Francesa

Baseada em princípios racionais e iluministas, a revolução transformou a França do século 18. Os franceses derrubaram sua monarquia, criaram uma república e acabaram em guerra contra Espanha e Inglaterra. Em 1796, a Espanha desistiu. Isso desagradou a Inglaterra, que declarou guerra aos espanhóis e tomou uma de suas colônias...

Trinidad e Tobago

Possessão espanhola desde a época de Cristóvão Colombo, essa ilha caribenha foi integrada ao Império Britânico em 1802. Como em outras colônias, sua população tinha muitos descendentes de africanos. Eram escravos, que se expressavam pela música num estilo que ficou conhecido como calipso. Grande inspiração da banda...

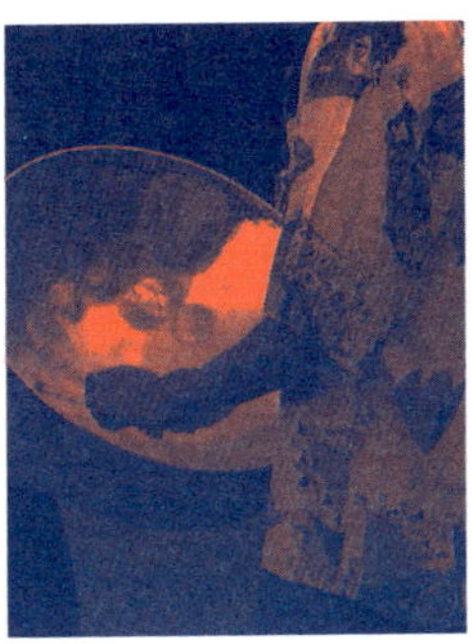

Calypso

No norte do Brasil, é possível captar emissoras de rádio do Caribe, o que influencia a música local e seus ritmos. Fãs do som caribenho, os paraenses Joelma e Chimbinha fundaram em 1999 a banda Calypso. E fazem o maior sucesso – ainda que muita gente preferisse ouvir as trombetas do fim do mundo a eles.

4

De Maomé à montanha

AUTOR
Rodrigo Rezende

Maomé
Aos 40 anos, recebeu uma revelação do arcanjo Gabriel em pessoa: "Há um só Deus, Alá, e um só profeta, Maomé". Captou a mensagem, montou em seu camelo e foi pregar aos povos do deserto. Mas ninguém deu muita bola para um mercador analfabeto que queria aposentar os 360 deuses adorados pelas tribos árabes no século 7. Maomé foi perseguido e só se tornou influente ao trocar a palavra pela espada e dar início à...

Revolução Islâmica
O movimento alcançou todo o território árabe e acabou com o quiproquó entre as tribos nômades, que não paravam de lutar entre si. Em menos de 200 anos, expandiu o Islã para mais da metade dos países conhecidos e revitalizou o mundo intelectual da Europa, então mergulhada no feudalismo. Foi nesse período que pensadores mouros traduziram os originais das obras de...

Aristóteles
Diferentemente de Platão, que vivia no mundo das ideias, Aristóteles tinha os pés tão plantados no chão que costumava escrever sobre ele. A tradução da sua obra *Meteorologia* ressuscitou questões como a origem dos terremotos. Dali em diante, cientistas procuraram uma resposta melhor que a do grego (segundo ele, a terra treme por causa do vento). O problema foi resolvido no século 20 com a teoria das...

Placas tectônicas
A origem do nome veio do grego *tektoon*, "aquele que constrói e destrói". E tem tudo a ver com as placas subterrâneas em constante choque embaixo de nossos pés. A teoria, formulada na década de 1960, diz que esse choque é o principal responsável pela transformação da superfície terrestre. É ele que detona terremotos, faz vulcões entrarem em erupção e cria novas formas de relevo, como uma ilha, um lago ou uma...

Montanha
E é exatamente entre duas placas tectônicas que fica o monte Safa, na Arábia Saudita. Uma vez, para provar a força da religião aos novos súditos, Maomé ordenou ao monte que viesse até ele. O monte não andou. Então Maomé disse: "Alá é misericordioso. Se Ele tivesse ouvido minhas palavras, a montanha iria cair sobre nossas cabeças". Moral da história: se Maomé não vai à montanha, as placas tectônicas vão a Maomé.

5

Da Páscoa à Ilha de Páscoa

AUTOR
Fábio Marton

Páscoa

É uma festa judaica, o Pessach, que celebra a fuga dos hebreus do Egito no século 13 a.C. Mais tarde, foi adotada pela Igreja Católica para marcar a ressurreição de Jesus. Apesar dessas tradições, acredita-se que ela tenha surgido como comemoração da chegada da primavera. Isso porque, milhares de anos atrás, a humanidade já sabia quando começavam as estações. Graças a uma ciência, a...

Astronomia

Desde Pitágoras, no século 6 a.C., os astrônomos gregos já observavam os astros e sabiam que a Terra era redonda. No século 3 a.C. Aristóteles notou que havia muitas terras no Hemisfério Norte e supôs que, por uma questão de equilíbrio, deveria existir mais ou menos a mesma quantidade no Hemisfério Sul. No século 1 a.C., Ptolomeu desenvolveu esse conceito e batizou o sul do planeta de...

Terra Australis

Era um lugar muito estranho: Ptolomeu achava que a África se estendia até o Polo Sul e o Oceano Índico era totalmente rodeado por terra (e o nosso planeta era o centro do Universo). Hoje essas ideias parecem bizarras, mas continuaram sendo levadas a sério por muito tempo. No século 18 ainda havia gente procurando a tal Terra Australis, tarefa da qual foi encarregado o holandês...

Jakob Roggeveen

Acreditava-se que tanto a Antártida quanto o pouco que se conhecia da Austrália formassem um único bloco, e em 1721 a Companhia das Índias Orientais contratou Roggeveen para encontrar e catalogar esse continente. Como a Terra Australis não existia, ele não conseguiu. Mas, depois de oito meses vagando pelo Pacífico Sul, acabou descobrindo um lugar bem curioso, que batizou de...

Ilha de Páscoa

Totalmente isolada, ela chama a atenção pelas moais: cabeças de pedra de até 75 toneladas que olham para o mar e foram construídas pelos habitantes da ilha. Com o tempo, eles trocaram o culto às moais pelo ritual do homem-pássaro: toda primavera, nadavam até um rochedo próximo em busca de um... ovo. Não muito diferente do que crianças do mundo inteiro fazem no domingo de Páscoa.

6

De Jesus a Madonna

AUTOR
Fábio Marton

Jesus

Ele era judeu, mas acabou originando uma religião completamente diferente: ao contrário do judaísmo, que é a religião de um só povo, o cristianismo se pretende universal – seus fiéis são orientados a recrutar adeptos. Por isso, ele se espalhou pelo mundo. Até chegar à Arábia, onde caiu nos ouvidos de...

Maomé

Maomé reconhecia Jesus como profeta, mas achava que os cristãos e judeus distorciam a palavra de Deus – que, no ano 610, o anjo Gabriel havia revelado diretamente a ele. Daí nasceu o Islã, que, além de uma religião, se tornaria também um império. E, em menos de cem anos, chegaria à Europa, fundando...

Al-Andaluz

Os califados islâmicos conquistaram desde o norte da África até a atual Espanha – que, no ano 711, foi batizada de Al-Andaluz (Andaluzia). Diferente dos cristãos, os islâmicos eram tolerantes com os judeus. Por isso, muitos foram morar naquele território. Alguns séculos depois, pensadores judeus espanhóis desenvolveram a...

Cabala

É um conjunto de interpretações filosóficas, teológicas e místicas dos textos sagrados judaicos, criado por Salomão Ibn Gabirol (1021-1058). Não há um consenso sobre se a Cabala é uma interpretação válida do judaísmo. Mas ela atrai pessoas que normalmente não se converteriam a essa religião. Como...

Madonna

Em 1994, Madonna Louise Ciccone se converteu a uma versão sincretista e bicho-grilo da Cabala. Ela não é reconhecida como judia por rabinos ortodoxos, que acham ruim ver a cantora associada à Cabala. Mas em 2008, Madonna (cujo nome significa Virgem Maria) finalmente encontrou Jesus: o modelo brasileiro Jesus Luz.

7

De Brama à Brahma

AUTOR
Fábio Marton

Brama

Criador do mundo na religião hindu, forma com Vishnu e Shiva a trindade *(trimurti)* dos principais deuses do hinduísmo – religião seguida pelos povos indo-arianos, grupo que falava sânscrito e por volta do ano 1000 a.C. conquistou o que viria a se tornar o centro de vários impérios. A região de...

Bengala

Situada no delta do Ganges, foi a sede do Império Gupta (320-550 d.C.), a fase mais rica da Índia antiga. Bengala tinha grande importância estratégica porque era a porta do sudeste da Ásia. Por isso, foi conquistada e reconquistada várias vezes. Até que, em 1757, acabou nas mãos da...

Companhia Britânica das Índias

Criada pelos ingleses, essa empresa de exploração montou a colônia mais produtiva do Império Britânico, na cidade bengalesa de Calcutá. Os ingleses reinvestiam parte do dinheiro na própria colônia, que passou a dar cada vez mais lucro – e ajudou a financiar a Revolução Industrial, em que prosperam empreendedores como...

Joseph Bramah

O inventor inglês (1748-1814) foi um gênio de sua época. Ele criou a prensa hidráulica, máquina que permite fabricar de carros a talheres e tem rendido sucessos bizarros no YouTube. Foi sua invenção mais importante. Ou, talvez, a segunda – depois da máquina de chope, que Joseph também criou e lhe rendeu a homenagem da...

Brahma

Em 1888, no Rio de Janeiro, o suíço Joseph Villiger montou uma cervejaria que vendia bebida em barril e na torneira usando a máquina inventada por Bramah. Foi o nome dele que batizou a marca. Mas também poderia ser o do deus hindu: para muita gente, tomar um chopinho na sexta-feira é ritual sagrado.

8

De Pilatos a Pilates

AUTOR
Fábio Marton

Pilatos

O romano Pôncio Pilatos, governante da Judeia, entrou para a história por autorizar a execução de Jesus. Ele tinha fama de tirano que não respeitava as tradições locais. A piora das relações entre romanos e judeus causou revoltas entre os anos 66 e 135. Depois delas, os romanos rebatizaram a Judeia de...

Síria Palestina

Originalmente, Palestina era o nome das terras dos filisteus, inimigos dos judeus, na atual Faixa de Gaza. Como vingança, os romanos passaram a chamar a região de Síria Palestina. Os bizantinos, sucessores dos romanos, perderiam o território em 637 para exércitos muçulmanos. Mas, em 1099, seria retomado durante as...

Cruzadas

Em 1095, o papa Urbano 2° convocou exércitos cristãos a tomarem a Terra Santa. Deu certo, mas os muçulmanos revidaram, e várias outras Cruzadas tiveram de ser convocadas. Algumas delas nem eram contra islâmicos. No século 12, houve Cruzadas contra pagãos do Mar Báltico. E dessas guerras surgiria a...

Alemanha

Os pagãos foram derrotados pelos saxões, que assumiram o controle da Prússia. Ela se tornaria o mais poderoso dos reinos germânicos. Em 1871, esses reinos foram unificados e originaram o 2º Reich, que transformou a Alemanha num dos países mais prósperos da Europa. Terra do fisiculturista...

Pilates

Nascido na Alemanha em 1883, Joseph Pilates se mudou para a Inglaterra e depois para os EUA, de onde seus métodos de ginástica ganharam fama mundial. Pilates começou a fazer exercícios na infância, porque sofria *bullying*. Seus colegas de escola o chamavam de Pôncio Pilatos.

De Ísis ao Isis

9

AUTOR
Fábio Marton

Ísis

Principal divindade do panteão egípcio. O culto a ela era tão forte que acabou exportado. Estátuas de Ísis amamentando o filho Hórus se tornaram comuns pelo Império Romano. Uma cena que os cristãos acabariam tomando para si, trocando a deusa pela...

Virgem Maria

Para os cristãos, a mãe de Jesus representa a proteção e o amor (o mesmo que as deusas-mães significavam para os politeístas). A devoção à Virgem é muito forte, comparável à veneração que se faz a uma deusa. Era o que pensava...

Maomé

Maomé acreditava que Cristo nasceu de mãe virgem. Mas rejeitava a ideia da Santíssima Trindade e achava uma heresia tratar a Virgem Maria como deusa. Fundou outra religião, o Islã, e virou seu líder político.
E disso veio o...

Califado

"Califa" é "sucessor" em árabe. Quando o profeta morreu, seu sogro assumiu o lugar e iniciou o califado Rashidun, que teve outros três líderes ao longo de 29 anos. Desde então, várias outras dinastias clamaram para si o título de califa. A mais recente é o...

Isis

O Estado Islâmico do Iraque e al-Sham ("Isis", em inglês) é uma dissidência da Al-Qaeda. O grupo declarou que seu líder, Abu Bakr al-Baghdadi, é o novo califa. O Isis controla territórios no Iraque e na Síria e declarou que pretende anexar o Egito, berço da poderosa Ísis.

1. DA XIBOCA AO X-BOX
2. DO KIWI ÀS WIKIS
3. DO AIPIM AO IPOD
4. DE JÓ A JOBS
5. DE FREUD AO ANDROID
6. DO RATO AO MOUSE
7. DO PADRE VOADOR AO PADRE VOADOR
8. DA ESPANHA AO SPAM
9. DO LSD AO LCD
10. DE GUGU AO GOOGLE
11. DO BROWSER A BOWSER
12. DE UBERLÂNDIA AO UBER
13. DE GÊNIO À LÂMPADA
14. DO PANAMÁ AO CANAL DO PANAMÁ

CAP. 9

1

Da xiboca ao XBox

AUTOR
Fábio Marton

Xiboca

Xiboca é um boteco de beira de estrada, um tipo de comércio que existe desde a época do Império Romano. Simples e baratos, esses pés-sujos são populares em várias partes do mundo – inclusive no Japão. E foi extorquindo dinheiro desses estabelecimentos que surgiu uma entidade chamada...

Yakuza

A organização não é uma máfia como a italiana: sua existência não é ilegal, seus membros admitem participar dela e os escritórios são claramente identificados. A Yakuza investe em ações e outros negócios lícitos, mas também atua em ramos mafiosos tradicionais: assassinato, extorsão, prostituição, tráfico e...

Cassinos ilegais

A Yakuza é fortemente ligada ao jogo – tanto que seu próprio nome traz uma referência a ele: significa 8-9-3, combinação de cartas perdedora no oicho-baku (um tipo de vinte e um). Além de alimentar a máfia japonesa, os jogos de carteado também deram origem a outra grande corporação. Uma fabricante de baralhos chamada...

Nintendo

Fundada em 1889, a empresa passou a investir em brinquedos no século 20. Quando a indústria de games estava na lona, em 1983, a Nintendo salvou os consoles com seu Famicom – chamado NES no resto do mundo. O videogame renasceu e virou passatempo de adultos. Até a Microsoft entrou na onda em 2001, com seu...

Xbox

Ele não conseguiu bater o PlayStation 2, da Sony. Mas seu sucessor – o Xbox 360, lançado em 2005 – tornou-se um sucesso e gerou um descendente, o Xbox One. A febre dos consoles domésticos acabou matando outro tipo de jogo: as máquinas de arcade, cujas últimas sobreviventes podem ser encontradas em xibocas decadentes.

2

Do kiwi às wikis

AUTOR
Fábio Marton

Kiwi

A *Actinidia deliciosa* é nativa da China, onde é cultivada há 3 mil anos. Ela sempre foi conhecida como groselha chinesa, mas em 1959 um neozelandês começou a exportar a fruta para os EUA e achou melhor mudar o nome (em plena Guerra Fria, não pegaria bem ser associado à China comunista). Ele escolheu o nome de um pássaro neozelandês, kiwi. Deu certo: a fruta agradou, e logo os próprios EUA começaram a cultivá-la em seus Estados mais quentes, como o...

Havaí

No mesmo ano em que o kiwi chegou aos EUA, 1959, o arquipélago foi promovido a 50° Estado dos EUA. Seu clima tropical favorece o plantio de especialidades agrícolas que são difíceis de cultivar no resto do país, como banana, abacaxi e goiaba. E também, claro, atrai multidões de turistas. Entre eles, um programador chamado...

Ward Cunningham

Em 1982, ele foi passar a lua de mel no Havaí e se perdeu no aeroporto de Honolulu. Pediu ajuda a um funcionário do aeroporto, cuja orientação foi pegar o *Wiki Wiki Shuttle*: expressão que mistura havaiano e inglês e significa ônibus muito rápido – no caso, uma linha que fazia o transporte entre os terminais do aeroporto. Ward conseguiu voltar para casa. E foi um dos primeiros a fundar um site. Era o...

C2.com

Em 1995, a internet era muito primitiva – só aficionados por informática tinham entrado nela. Em seu site, Ward prestava serviços de programação e trocava dicas com outros hackers da época. Ele pegou todas essas dicas e criou um banco de dados aberto, colaborativo, que qualquer pessoa podia editar – e deu a ele o nome de WikiWikiWeb. Fez sucesso, e inspirou algumas iniciativas parecidas. As...

Wikis

Eram sites colaborativos que falavam sobre técnicas e linguagens de software. Ou seja, coisa de meganerds. Mas em 2001 um deles, o viciado em computadores Jimmy Wales, resolveu fazer uma enciclopédia wiki, escrita pelos próprios usuários. Era a Wikipedia, que viria a se tornar a maior enciclopédia do mundo – e inspirar milhares de outras wikis, que falam sobre todos os tipos de assunto. Até mesmo receitas com kiwi: recipes.wikia.com/wiki/Category:Kiwi_Recipes.

Do aipim ao iPod

3

AUTOR
Fábio Marton

Aipim

Também conhecido como mandioca, esse tubérculo se originou no Brasil central, espalhou-se pela América e foi levado pelos portugueses à África. O aipim é fácil de plantar e rico em carboidratos. Mas precisa ser muito bem cozido porque contém, especialmente em uma variedade chamada brava, os glicosídeos linamarina e lotaustralina, que reagem para criar...

Cianureto

O ácido cianídrico ou cianureto de hidrogênio (HCN) é tão venenoso que foi usado, na forma de gás, para executar os prisioneiros dos campos de concentração nazistas. O cianureto se liga ao sangue e impede que ele transporte oxigênio para as células, levando a uma morte rápida. Suicidaram-se com cianureto Adolf Hitler e também um de seus maiores adversários, o matemático...

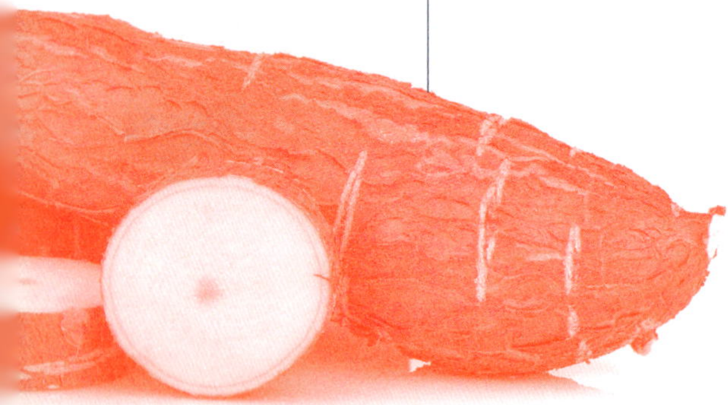

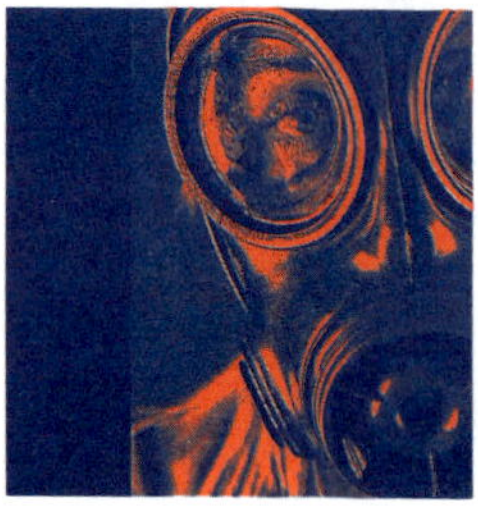

Alan Turing

Considerado o pai da ciência da computação, Turing ajudou os britânicos a decifrar as comunicações nazistas durante a 2ª Guerra Mundial. Mas em 1952 caiu em desgraça: como era homossexual (o que na época era crime), ele foi processado e tratado à força com hormônios. Tudo isso levou Turing a se matar em 1954, aos 41 anos. Desde 1966, esse mártir nomeia o principal prêmio do mundo da tecnologia. É o Prêmio Turing, que em 2004 foi dado a...

Vinton Cerf e Robert Kahn

Eles criaram o TCP-IP (Transmission Control Protocol/Internet Protocol), o idioma digital usado para trocar dados na internet. Ela foi inventada para transmitir textos e e-mails, mas no começo do século 21 se deixou invadir por outro tipo de arquivo: músicas, que as pessoas começaram a baixar e compartilhar. Uma tendência mundial, que se consolidou com o lançamento do...

iPod

Ele ainda é vendido, mas é meio arcaico. Hoje todo *smartphone* é um MP3 player. Mas foi uma revolução em 2001: a Apple produziu mais de 160 milhões de unidades do aparelho, que virou um ícone cultural. E poluiu o mundo: num ranking feito pelo Greenpeace na época, a Apple levou nota baixa porque utiliza excesso de substâncias tóxicas na fabricação de seus produtos. O iPod, como o aipim, tinha um veneninho dentro.

4

De Jó a Jobs

AUTOR
Fábio Marton

Jó

É um personagem bíblico que perdeu a fortuna, a família e até a saúde, mas preservou a fé – para depois ser recompensado em dobro por Deus. A história de Jó é contada no judaísmo, no cristianismo e no islamismo – neste último, com direito até a uma fonte da juventude, que ficaria na atual cidade israelense de...

Ashkelon

Localizada na costa do Mediterrâneo, a cidade foi parte dos impérios grego, romano, persa, egípcio, turco e, finalmente, britânico. Em 1948, Israel conquistou a cidade dos árabes que, mesmo sob domínio estrangeiro, viviam ali há séculos. Os habitantes tiveram de sair e viraram refugiados, o que impulsionou o...

Nacionalismo árabe

Ele já existia, mas ganhou força após o conflito com Israel. O nacionalismo árabe era um movimento secular, que pregava a união dos povos árabes e buscava modernizar as sociedades do Oriente Médio. Ele atraiu muitas mentes brilhantes da geração dos anos 1950. Entre elas, um professor sírio chamado...

Abdul Fattah Jandali

Filho de milionários, Jandali estudou direito e ciência política na Universidade da Síria. Apesar de ser nacionalista e antiamericano, ele foi para os EUA continuar os estudos – e lá conheceu Joanne Simpson, com quem se casou. A união foi condenada pelo pai da moça, e o casal entregou seu primeiro filho para adoção. Ninguém menos que...

Steve Jobs

O futuro lendário CEO da Apple acabou adotado por uma família pobre e teve de se virar. Na faculdade, dormia no chão e catava latinhas vazias. Em 1976 fundou a Apple, empresa da qual acabaria expulso em 1985. Em 1997, foi chamado de volta e transformou a Apple na potência que é hoje. Como Jó, Jobs passou por provações – mas acabou recompensado.

De Freud ao Android

5

AUTOR
Rodrigo Rezende

Freud

"Um sonho é tão mais profundo quanto mais louco ele parece." Essa frase com jeitão hippie na verdade é de autoria do pai da psicanálise, Sigmund Freud. Ele teve a ideia de interpretar os sonhos para ler o inconsciente de seus pacientes. E para isso consumia uma substância que turbinava a própria consciência. No caso, a...

Cocaína

Antes de a folhinha mastigada até hoje pelos bolivianos se transformar no pó aspirado em banheiros de boate, a cocaína foi parar em um lugar inesperado: os laboratórios científicos. Freud era apenas um dos muitos pensadores que usavam coca. Assim, ela virou objeto de estudo nas universidades alemãs, onde se tornou...

Medicamento

Dor de dente, flatulência, dor de cabeça, cansaço? No fim do século 19, isso era tratado com vinho, pó, cigarros, xarope e até com vinho de coca. Mas o mecanismo de ação da droga só foi desvendado em 1898, por Richard Willstätter. Ganhador do Nobel de Química, ele estudou na Universidade de Berlim com outro gênio...

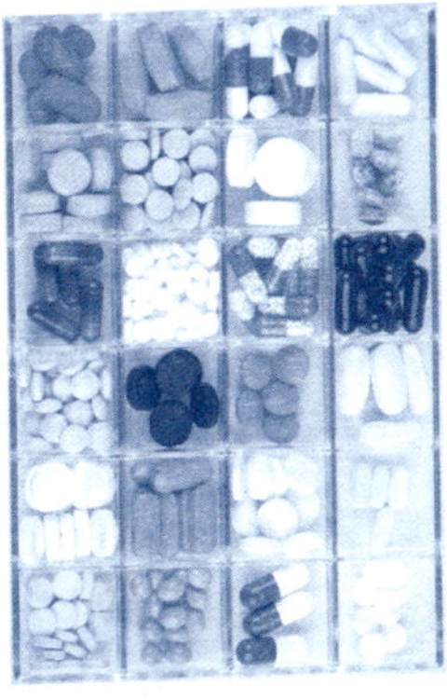

John von Neumann

Aos 6 anos, Von Neumann dividia números com 80 dígitos de cabeça e recitava páginas da lista telefônica de cor. Que curso ele devia fazer? Segundo seu pai, engenharia química. Ainda bem que ele desistiu e resolveu inventar a computação moderna. Sem isso, não haveria internet, Mac, iPad e...

Android

Com um celular Android, você fala "Freud" para o seu celular. Sozinho, ele procura um programa, baixa, instala e roda. Aí acontece algo que nem os sonhos mais loucos de Freud seriam capazes de prever. Você aperta um botão e um programa de "frases de Freud" mostra na tela: "Um sonho é tão mais..."

6

DO rato AO mouse

AUTOR
Rodrigo Rezende

Rato

Infestou todas as cidades da Europa no século 14 e, por meio de suas pulgas, espalhou a Peste Negra, que dizimou um terço ou mais da população do continente. Não satisfeito, o roedor abalou mais uma vez o curso da história ao causar a Grande Praga de Londres (1665–1666). A epidemia fechou as universidades inglesas e mandou para casa o jovem físico...

Isaac Newton

Sem nada melhor para fazer em sua cidade natal, Woolsthorpe, o rapaz de 23 anos pegou seus livros, trancou-se no quarto e realizou uma façanha quase sobrenatural: reformulou, em apenas 18 meses, toda a física. Nesse período, Newton descobriu as leis da ótica, a Teoria da Gravitação Universal e, de quebra, criou uma das ferramentas mais importantes da matemática: o...

Cálculo

Pense na escultura mais complexa que você já viu. Foi só com o cálculo que os matemáticos se tornaram capazes de dimensionar algo tão difícil quanto o volume dela, por exemplo. O poderoso método fez tanto sucesso que alavancou a publicação de centenas de livros sobre o tema. Um deles foi escrito, em 1859, por um grande admirador de Newton, o matemático inglês...

George Boole

Ele desenvolveu, nos últimos capítulos de seu livro sobre equações diferenciais, uma ideia revolucionária demais para ficar restrita aos matemáticos: o código binário, linguagem lógica composta apenas dos números 1 e 0. Mas a sacada de Boole só saiu do papel em 1937, quando o engenheiro Claude Shanon resolveu usá-la na construção de circuitos eletrônicos. Funcionou. Resultado: a nova linguagem foi parar dentro do...

Mouse

O computador já existia desde o século 19, mas só se tornou viável quando aprendeu a usar a nova língua. As válvulas pesadas foram aposentadas pelos transistores nos anos 1950. E ele só virou a coisa onipresente que é hoje depois de ter ganho um companheiro inseparável nos anos 1980: o mouse (ou rato, como é conhecido em Portugal).

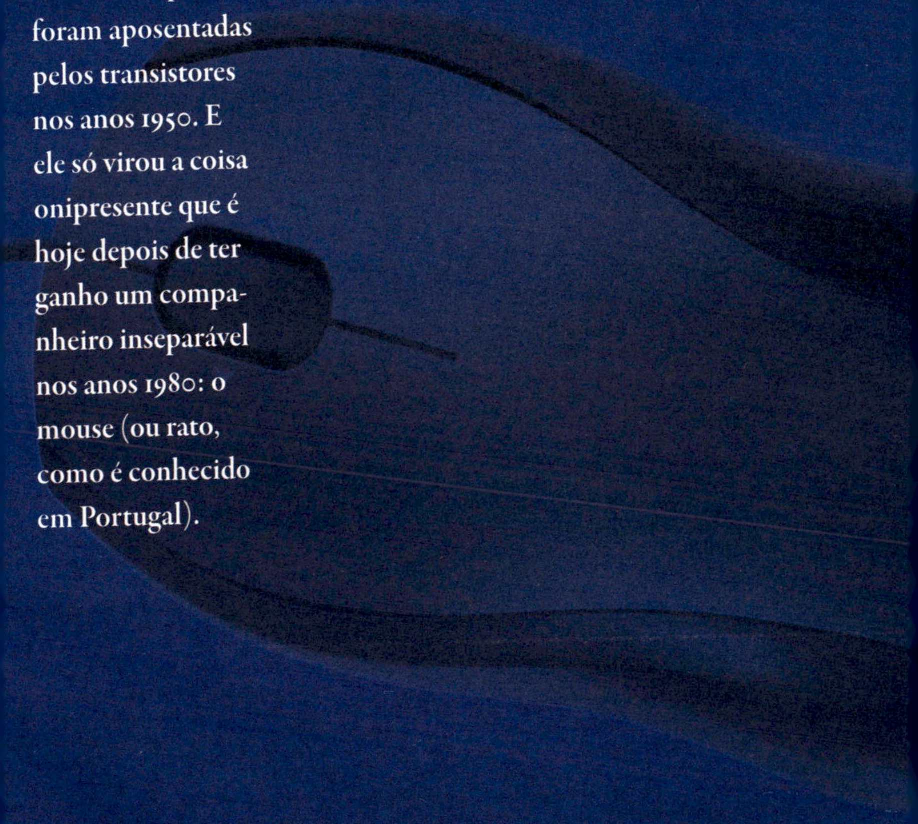

7

Do padre voador ao padre voador

AUTOR
Fábio Marton

Padre Bartolomeu Lourenço de Gusmão

Em agosto de 1709, o jesuíta apresentou à corte portuguesa seu invento mais famoso: o balão de ar quente. Foi o suficiente para que Gusmão fosse apelidado de "padre voador". Os primeiros balões eram rudimentares e não deram muito certo. Mas, no século seguinte, seriam usados na...

Guerra Civil Americana

A guerra (1861-1865) começou quando os escravagistas do sul americano declararam independência do resto do país, formando os Estados Confederados da América. Os outros Estados, que eram contra a escravidão, formaram o Exército da União. Entre várias inovações tecnológicas, como minas terrestres e submarinos, esse exército tinha a primeira força aérea do mundo – que usava balões para fazer espionagem. Lutando pela União, estava...

O Estado do Kansas

A União venceu, a guerra civil e a escravidão acabaram, e o Kansas começou a prosperar: recebeu uma leva maciça de imigrantes, que ajudaram a transformá-lo num dos principais produtores agrícolas dos EUA. Algumas décadas mais tarde, viria outra fonte de riqueza: a descoberta de jazidas de gás natural. Numa dessas jazidas foi encontrada, em 1903, uma grande quantidade de...

Hélio

O elemento químico, que forma um gás inofensivo (He2), havia sido identificado em 1868 como presente no Sol, mas quase inexistente na Terra. Os EUA praticamente mantiveram o monopólio de hélio até os anos 1990 (é por isso que os zepelins criados pela Alemanha usavam hidrogênio, altamente explosivo). Hélio era o gás nos balões do...

Padre Adelir de Carli

Em 20 de abril de 2008, o padre decolou de Paranaguá com mil balões de hélio. Enfrentando ventos desfavoráveis, ele desapareceu no litoral de Santa Catarina. Carli era adepto do voo livre com bexigas, um "esporte" inventado pelo americano Larry Waters em 1982. Waters sobreviveu, mas foi preso. Já o brasileiro perdeu a vida. Mas entrará para a posteridade conhecido por seu apelido: padre voador.

Prêmio Darwin do Brasil!

O trágico incidente com o padre aventureiro rendeu um momento de fama (infâmia?) para o Brasil: Adelir de Carli foi o ganhador do Prêmio Darwin de 2008. O "prêmio", que se limitava à menção no site, sem medalha nem nada, era dado a quem "fazia avançar a evolução" ao retirar seus genes do caminho, morrendo de forma estúpida. Carli, por ser padre, já havia retirado seus genes. Por isso, ele ganhou um Duplo Darwin.

8

Da Espanha ao spam

AUTOR
Fábio Marton

Espanha

Católica e conservadora, a Espanha sofreu grandes mudanças no século 18. O Conde de Floridablanca, empossado primeiro-ministro em 1777, fez reformas modernizadoras que tiraram poder da Igreja. Mas, a partir de 1789, a radicalização da Revolução Francesa colocou todos os liberais da Europa sob suspeita. E o conde foi substituído por...

Manuel de Godoy

Jovem e moderado, Godoy chegou ao poder em 1792. Ele tentou salvar da guilhotina o rei francês Luís 16, com resultados desastrosos: a França republicana declarou guerra à Espanha em 1793. Os espanhóis perderam e foram obrigados a se aliar militarmente à França para ajudá-la a fazer as chamadas...

Guerras Napoleônicas

Após ganhar várias guerras liderando a França revolucionária, Napoleão traiu os ideais republicanos – proclamou-se imperador em 1804. Ele também traiu a aliança com a Espanha, invadindo o país em 1808. Além de revirar a geopolítica europeia, Napoleão revolucionou os alimentos, com a invenção da...

Comida enlatada

Napoleão ofereceu um prêmio para quem inventasse uma forma de preservar comida no front. Em 1810, o chef Nicolas Appert conseguiu: criou um método para guardar alimentos em garrafas lacradas, logo adaptado para uso em latas de estanho. Muito tempo depois, outro alimento enlatado também ganharia fama graças à guerra. Era o...

Spam

Criado em 1937, esse apresuntado foi ração dos soldados aliados na 2ª Guerra. Mais tarde, foi assunto do grupo Monty Python (que criou um quadro em que um restaurante servia tudo com spam) e virou gíria para e-mails indesejados. Digital ou enlatado, spam é ruim – nem se compara ao presunto espanhol, o melhor do mundo.

Do LSD ao LCD

9

AUTOR
Fábio Marton

LSD

A dietilamida do ácido lisérgico foi a droga número 1 da contracultura nos anos 1960. Ela foi sintetizada em 1939 pelo químico suíço Albert Hoffman, que trabalhava para a Sandoz e foi o primeiro a experimentar seus efeitos alucinógenos. Hoffman criou o LSD a partir da ergotamina. Substância que vem de um fungo, o...

Esporão do centeio

O *Claviceps purpurea* é um fungo que infesta plantações de centeio e trigo. Mas o consumo de pão contaminado por ele provoca ergotismo, doença que causa gangrena nas extremidades do corpo e leva a uma morte horrível. O ergotismo atingia fortemente as regiões do Império Carolíngio (800-888) – que acabou dividido entre...

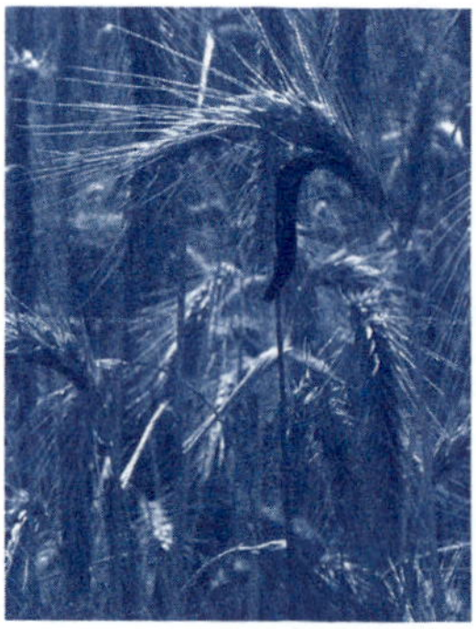

França e Alemanha

Doenças, invasões e conflitos internos dividiram o império em vários países. Entre eles, França e Alemanha, que nunca se toleraram. Travaram a Guerra dos 30 Anos (1618-1648), as Guerras Napoleônicas (1803-1815) e duas Guerras Mundiais. Combates sangrentos, mas que também tiveram consequências inusitadas, como a fundação da...

RCA

Durante a 1ª Guerra Mundial, o rádio americano era controlado pelo Estado. Com o fim da guerra, o serviço começou a ser explorado pela iniciativa privada – e a Radio Corporation of America foi fundada. A empresa virou uma potência tecnológica, com investimentos pesados em pesquisa e desenvolvimento – que, em 1962, dariam origem ao...

LCD

O engenheiro Richard Williams descobriu que um determinado material – o cristal líquido – ficava opaco se recebesse uma corrente elétrica. Esse princípio deu origem aos *liquid crystal displays* (LCDs). Que hoje estão presentes nas TVs e geram uma quantidade incontável de imagens todos os dias. Mais ou menos como o LSD.

De Gugu ao Google

10

AUTOR
Felipe van Deursen

Gugu Liberato

Apresentador de TV, empresário e cantor de hits sobre pássaros. Abandonou a faculdade de Odontologia para se dedicar à televisão, a convite de Silvio Santos. Foi editor da *Semana do Presidente*, que passava no intervalo do programa do seu Silvio. O boletim narrava, sem nenhum olhar crítico, o dia a dia de...

João Figueiredo

Último presidente da era militar, João Baptista Figueiredo comandou o Brasil de 1979 a 1985. Seu governo foi marcado pelo processo de democratização e os protestos das Diretas Já. Antes de ser presidente, perguntado se gostava de cheiro de povo, disse que preferia o de cavalo. Nessa época, ele chefiava o...

SNI

Sigla para Serviço Nacional de Informação, agência de espionagem tupiniquim. Sua missão era fiscalizar assuntos referentes à "segurança nacional" – como movimentos estudantis e sindicalistas, atos de partidos políticos. O SNI também caçava comunistas, supostos agentes infiltrados da...

União Soviética

Na real, eles nunca deram muita bola para o Brasil e nem apoiaram as ações de guerrilha. O bloco de repúblicas socialistas desmantelou-se em 1991, dando fim à Guerra Fria. Nas décadas anteriores, o regime totalitário levou muitas pessoas a deixar o país. Entre elas estava Sergey Brin, o cofundador do...

Google

Com a ousada missão de "organizar a informação mundial e torná-la universalmente acessível e útil", a corporação nascida em 1998 se agigantou graças a seu monopólio em buscas na internet. Que o digam os mais de 13 milhões de resultados ao buscar no Google o termo "Gugu".

11

Do browser a Bowser

AUTOR
Felipe van Deursen

Browser

Um site não chega a seu computador de forma legível. Ele é composto de código em HTML e linguagens de programação, que é traduzido para humanos por um *browser*, ou navegador. Esse código é acessado pela World Wide Web, o famoso "www", criada por...

Tim Berners-Lee

Em 1989, o cientista da computação propôs o sistema de domínios, os nomes dos sites. Por isso, ele seria premiado múltiplas vezes, inclusive com o Prêmio Japão de 2001. Além dos samurais e da tecnologia, o país é famoso por seus hábitos sexuais peculiares. Que incluem os...

Love Hotels

São basicamente como os motéis do Brasil: locais para encontros sexuais. Assim como cá, lá existem vários do tipo temático, com camas em forma de barco ou vagão de trem (o ataque no metrô é uma controversa fantasia nacional). Para a surpresa de muitos, uma das empresas que investiram no setor foi a...

Nintendo

Fundada em 1889, a empresa passou quase um século atirando para todo o lado. Atuou nos mercados de táxi, arroz instantâneo, baralho, rede de TV e, sim, motéis. Até finalmente achar sua vocação nos videogames, criando o personagem mais reconhecível do mundo, Mario. E seu arquirrival...

Bowser

Meio Godzilla, meio tartaruga, está sempre dando um jeito de sequestrar a princesa Peach (aquela que está em outro castelo). A turma do Mario marcou presença em todos os aparelhos da Nintendo, como o DS, que em 2006 ganhou uma inovação: seu próprio browser.

12

De Uber-lândia ao Uber

AUTOR
Fábio Marton

Uberlândia

O nome da segunda maior cidade mineira não tem nada a ver com *über* ("acima" em alemão), mas deriva de Uberabinha, nome adotado até 1929 – *uberaba* é "água brilhante" em tupi. A região foi explorada no século 18 pelo bandeirante Bartolomeu Bueno da Silva, o...

Anhanguera

O português foi um dos primeiros grandes exploradores do interior de Minas Gerais. No século seguinte, a riqueza mineral da região foi descoberta, dando início a uma corrida do ouro. Cenário semelhante rolou cem anos depois nos EUA, motivando a colonização da...

Califórnia

A corrida do ouro norte-americana aconteceu no século 19 e transformou esse Estado no mais rico e populoso dos EUA. É lá que fica o Vale do Silício, que abriga as sedes das maiores empresas de tecnologia do planeta, assim como iniciativas independentes, como as de...

Travis Kalanick

Em 1998, esse engenheiro nascido em Los Angeles largou a faculdade para fundar o Scour, sistema de buscas multimídia e de troca de arquivos que não colou. O sucesso só viria em 2009, com a criação do aplicativo...

Uber

App que permite a motoristas registrados pegar passageiros sem taxímetro ou licença. O que, nas 449 cidades que atende, causa polêmica. Mas nada que afete a cooperativa Ubertáxi, que roda tranquila enquanto o Uber não chega a Uberlândia.

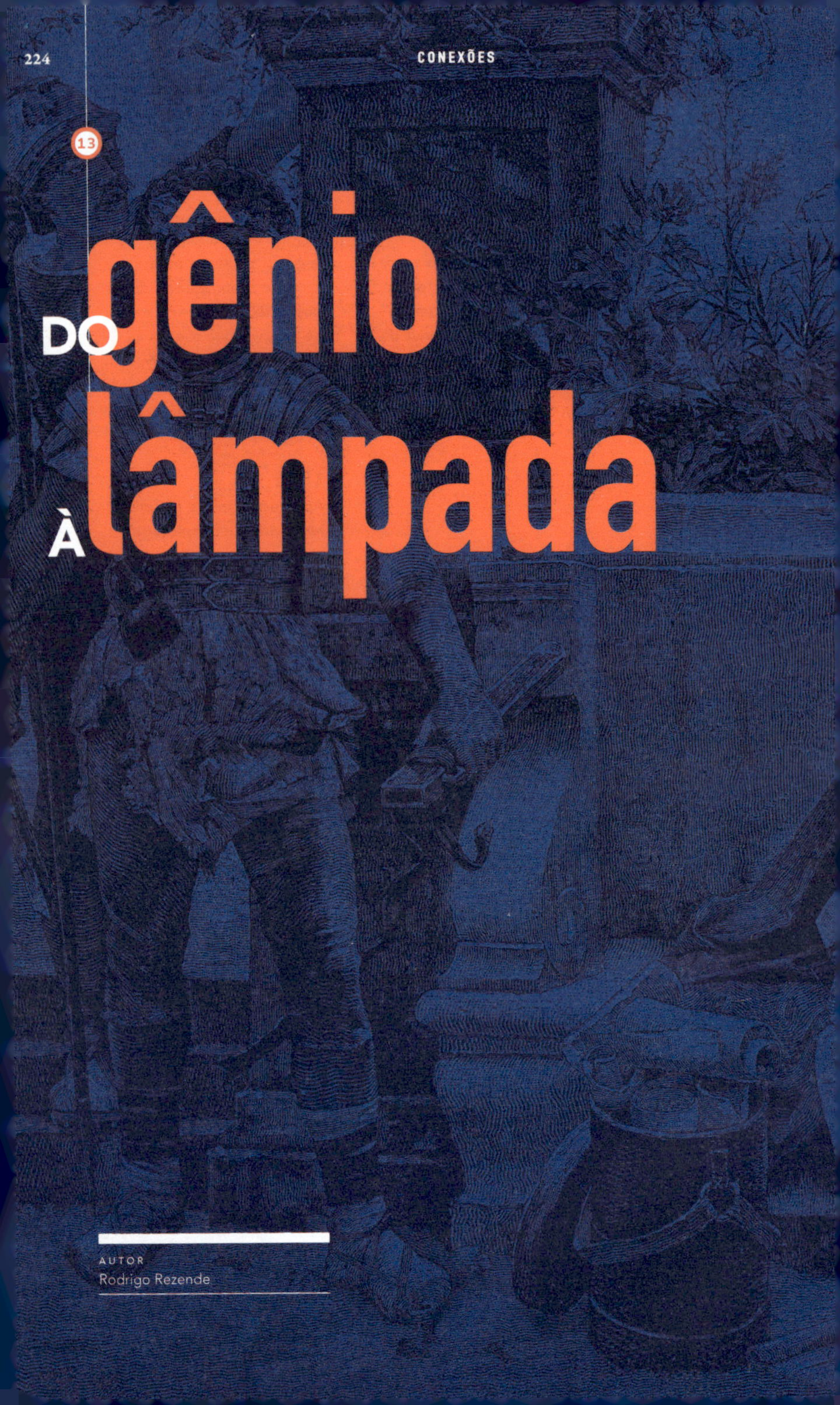

13

DO gênio À lâmpada

AUTOR
Rodrigo Rezende

Gênio

Arquimedes gritando eureca. Einstein rabiscando equações. É o que vem logo à mente quando alguém pensa em "gênio". Mas sabe o que essas imagens têm a ver com a origem do termo? Nada. Para descobrir o significado original da palavra, é preciso voltar até os tempos de...

Roma

Uma porta, um vinhedo, um vulcão. Segundo os romanos, tudo isso possuía um "gênio": uma segunda natureza divina que habitava objetos e pessoas. A crença caiu em desuso na Idade Média. Mas foi resgatada. Já no século 18, a palavra "gênio" ganhou o sentido atual. E inspirou a poesia de...

Humphry Davy

Aos 17 anos, Davy publicou o poema *Filhos do Gênio*, uma ode à genialidade de alguns filósofos e cientistas. Além de poeta, Humphry era gênio: ele inventou o filamento incandescente de platina. Uma bela mão na roda para...

Thomas Edison

"Todo mundo rouba no comércio e na indústria. Eu mesmo já roubei muita coisa. Mas eu sei como roubar", disse Edison certa vez. Quando entrou no laboratório de Wallace e Farmer em 1877, ele deu de cara com uma invenção que tinha de ser sua. E arrematou a fama de criador da...

Lâmpada

A lâmpada deixou Edison milionário (bilionário, em valores atuais). Tudo isso sem precisar esfregá-la para libertar "criaturas feitas de fogo sem fumaça" (Alcorão). Esses djinn habitam lâmpadas e realizam desejos. E são conhecidos no Ocidente por um nome peculiar: gênio.

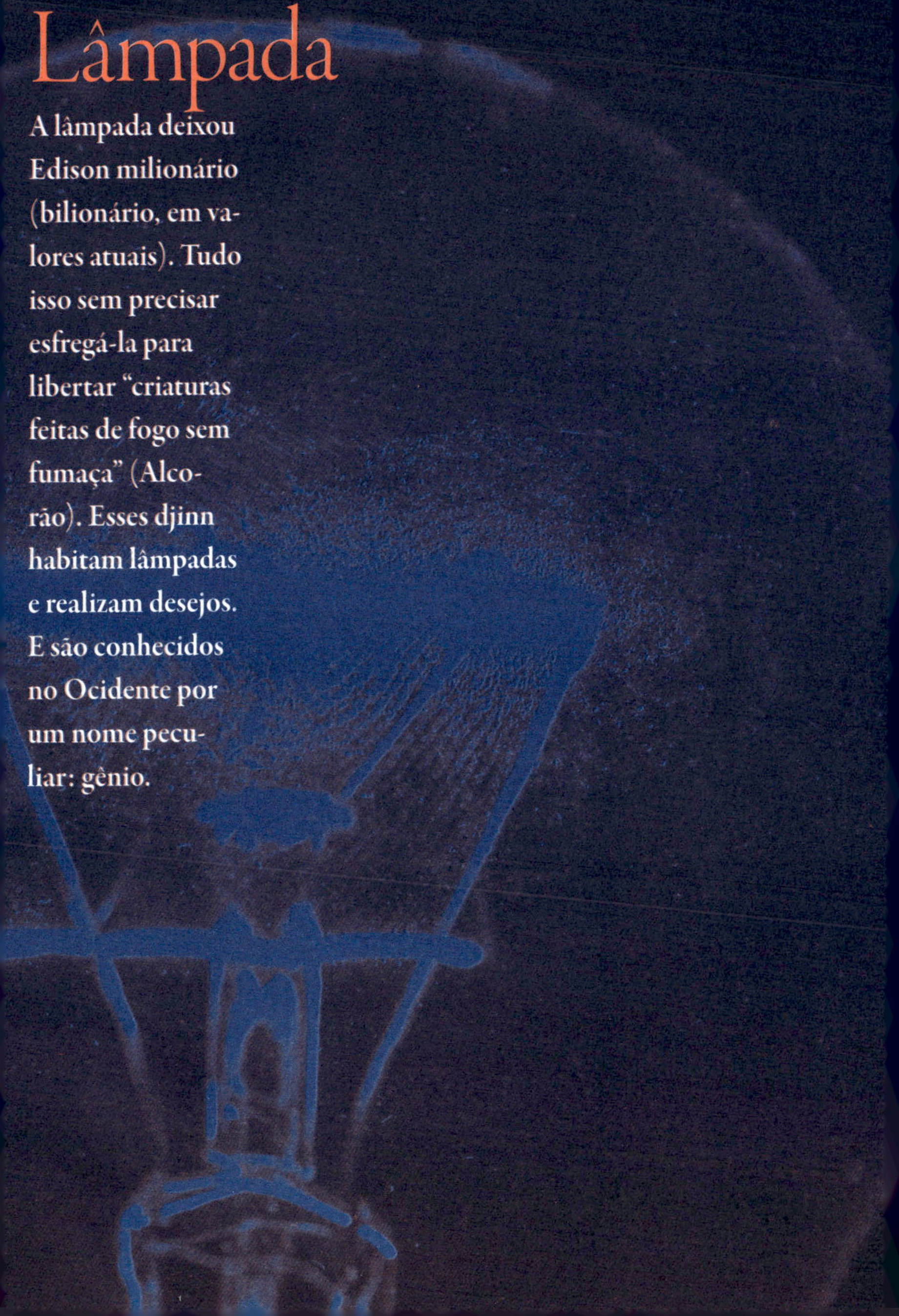

Do Panamá ao Canal do Panamá

14

Panamá

É uma fina porção de terra que liga as Américas do Norte e do Sul. Ela surgiu cerca de 12 milhões de anos atrás e, de uma hora para outra, bloqueou as correntes de água que costumavam correr livremente entre o Atlântico e o Pacífico. O resultado mais extremo foi o surgimento de uma...

AUTOR
Rafael Kenski

Era glacial

Junto a outros fatores, a mudança das correntes marítimas aumentou a umidade e o frio no norte do planeta. Grandes massas de gelo se formaram e transformaram o clima do mundo. Na África, regiões cobertas por florestas começaram a sofrer de frio e secas sazonais, que as transformaram em...

Savanas

Alguns primatas que viviam na floresta foram obrigados a se adaptar. Adotaram postura bípede para olhar sobre os gramados, mas isso os deixava mais expostos. Sem garras, músculos poderosos ou rapidez na corrida, o único traço biológico em que superavam seus competidores era o...

Com esta página estreava a seção **Conexões**, em junho de 2005. Desde então, foram 11 anos e mais de 130 delas. O que você vê a seguir é uma seleção das melhores e também as que melhor resistiram ao tempo – a gente deixou de lado coisas como o bicheiro Carlinhos Cachoeira (alguém lembra?). Dados científicos e referências a temas da época foram atualizados.

Cérebro

A inteligência permitia que eles manipulassem armas e ferramentas para atingir outros animais a distância. Mas trazia tantos recursos que fez com que esses animais, os ancestrais do ser humano, se adaptassem a qualquer ambiente e se espalhassem pelo...

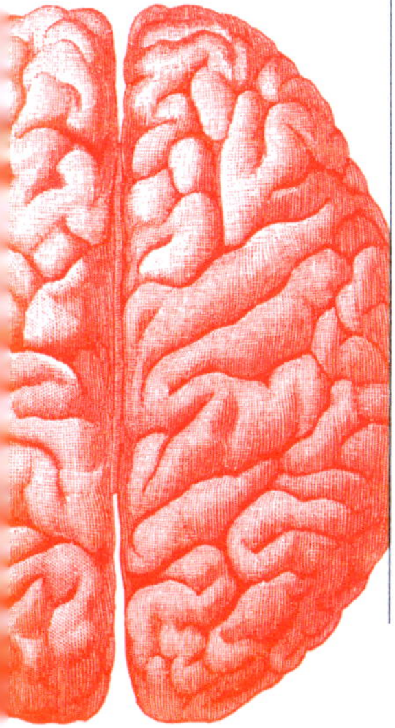

Mundo

Milhões de anos depois, a humanidade já tinha ferramentas bastante poderosas para viajar entre os continentes. Mas restavam obstáculos – por exemplo, uma porção de terra que impedia a navegação entre as partes tropicais dos oceanos Pacífico e Atlântico. Foi por isso que construíram o...

Canal do Panamá

E novamente passou a existir uma ligação entre os dois oceanos. A reabertura não significou que as antigas correntes voltassem a existir e que as savanas africanas voltassem a ser florestas. O Panamá ainda bloqueia as correntes. O que muda o clima hoje é o próprio ser humano.

DIRETORA EDITORIAL ABRIL
Alecsandra Zapparoli
DIRETOR EDITORIAL – ESTILO DE VIDA
Sérgio Gwercman
DIRETOR DE REDAÇÃO
Alexandre Versignassi
DIRETOR DE ARTE
Fabricio Miranda
CAPA
André Bergamin
PROJETO GRÁFICO E DIAGRAMAÇÃO
Flávio Pessoa e Estúdio Siamo
REVISÃO
Alexandre Carvalho dos Santos
PRODUÇÃO GRÁFICA
Anderson C. S. de Faria
CRÉDITO IMAGENS
iStock/Creative Commons/Agência Brasil/Divulgação

E23c

Editora Abril
Conexões: de Bob Dylan a Bob Esponja e outras 114 inusitadas ligações. / Editora Abril. – São Paulo: Abril, 2016.
232 p ; il. ; 21 cm.

(Superinteressante , ISBN 978-85-5579-038-6)

1. Conhecimentos gerais. 2. Generalidades - Conexões. 3. Conhecimento – Assuntos gerais. I. Título. II. Série.

CDD 001.9

EDITORA Abril

2016

Av. das Nações Unidas, 7221
05425-902 – Pinheiros – São Paulo – SP - Brasil

TIPOGRAFIAS
Avenir LT, Adobe Garamond Pro, DIN 1451
PAPEL
Offset 75gm
IMPRESSÃO
Pancrom Indústria Gráfica
TIRAGEM
125.000